Le Petit Livre du Poissons

Marie Lombard

FIRST Editions

ISBN : 978-2-7540-5769-1
Dépôt légal : novembre 2014
Imprimé en Italie

Direction éditoriale : Marie-Anne Jost-Kotik
Édition : Laury-Anne Frut et Maëva Saudrais
Correction : Maëva Saudrais
Mise en page et couverture : Olivier Frenot

Éditions First, un département d'Édi8
12, avenue d'Italie
75013 Paris – France
Tél. : 01 44 16 09 00
Fax : 01 44 16 09 01
E-mail : firstinfo@efirst.com

Site internet : www.editionsfirst.fr

SOMMAIRE

LE SIGNE DU POISSONS

Douzième signe⊛ du zodiaque⊛[1], le Poissons⊛ marque la fin de l'hiver de l'année astrologique ; il représente l'accomplissement de toutes choses. En lui, toutes les contradictions (entre logique et intuition, raison et sentiment), tous les antagonismes (entre réel et imaginaire, vrai et faux, objet et sujet, bien et mal) s'effacent. Signe d'Eau⊛, il « noie » toutes les différences dans l'amour ; c'est ainsi qu'il est devenu le symbole du christianisme. Gouverné par Neptune⊛, il représente les forces de l'inconscient collectif, le « moi » entraîné par son destin, à la fois le jouet des événements (donc capable de renoncement et de sacrifice comme le Christ ou Bouddha), mais capable aussi de s'en libérer par la compassion.

1 Les termes suivis de ce symbole sont définis dans « Le petit dico de l'astro ».

SES BASIQUES

Graphisme: ♊ ♓

Saison: hiver.

Élément®: Eau.

Période: 20 février au 20 mars.

Genre: féminin®.

Comportement: mutable®.

Planète® +: Neptune (intuition, foi, réceptivité). Fascination pour les communautés, l'irrationnel, les mystiques. Goût pour le romantisme, l'amour fusionnel, le sacrifice, les drogues, les situations confuses et embrouillées, les foules…

Planète -: Mercure® (le cérébral, la logique, la communication). Méfiance à l'égard de la raison, du langage, des règles. Aversion pour les études, la grammaire, les abstractions, les chiffres, la vie pratique, la routine…

Qualités: introverti, souple, changeant, dévoué, intuitif, compatissant.

Défauts: passif, auto-dévalorisant, instable, fuyant, hyperémotif, maso, dissolu.

Psychopathologie[2] : personnalité à conduite d'échec.

Déviances : nymphomanie, conduite sans permis, délit de fuite, fraudes, vente de drogues, prostitution, accidents, dépression, hallucinations, suicide…

Maladies[3] : cancer du sein, asthme, cirrhose, diabète, infarctus, bronchite, grippe…

FIGURES DU MAL

Lorsqu'il est maléfique, le Poissons est plutôt un tueur désorganisé, il massacre beaucoup dans l'inspiration du moment, par exemple Ottis Elwood Toole (épileptique, alcoolique, toxicomane, surnommé l' « Enfant du Diable » par sa mère, il a été reconnu coupable de plusieurs dizaines de meurtres et de cannibalisme) ou John Wayne Gacy Jr. (33 victimes), surnommé le « Clown Tueur » car il se déguisait en clown pour amuser les enfants dans les hôpitaux. Ou encore, en France, Francis Heaulme (jugé coupable pour 9 victimes, suspecté pour 11 autres), surnommé le « Routard du Crime ». Mais il est parfois aussi un terroriste pur jus, par exemple Ben Laden.

2 Société américaine de psychiatrie, « Troubles de la personnalité » dans Manuel *diagnostique et statistique des troubles mentaux, DSM-IV*, Masson, 1994.

3 Statistiques IMWA/Université de Munich dans Gunter Sachs, *Le Dossier astrologie. La preuve scientifique qu'il existe un lien mesurable entre les signes du zodiaque et le comportement humain*, Michel Lafon, 2000.

SA SYMBOLIQUE

Entre deux cycles, entre deux incarnations, le Poissons est le symbole d'une continuité. Dans le processus naturel, le Poissons est le dernier signe de l'hiver et le dernier aussi de l'année astrologique. Il représente ainsi l'accomplissement de toutes choses. À ce niveau, toutes les contradictions s'effacent, tous les antagonismes disparaissent. Les différences se fondent toutes dans un flou artistique. Les conflits s'atténuent, les extrêmes deviennent relatifs. Dans le signe du Poissons, le réel et l'illusion ne sont que des perspectives, le vrai et le faux, des points de vue. La vie n'y ressemble jamais à ce que l'on en raconte. Les choses ne paraissent pas ce qu'elles sont. Ce qu'en dit le Poissons n'est jamais ce qu'il en fait.

Son extrême sensibilité lui interdit tout extrémisme. Il n'oppose jamais qu'une molle résistance aux agressions de son environnement, aux pressions de son entourage. Il se dérobe devant les obstacles, esquive les difficultés. N'est pas Poissons celui qui attaque les problèmes de face. Son style c'est de les contourner, de tourner autour du pot, en attendant les circonstances, l'instant favorables. Un Poissons prend rarement des initiatives qui l'engagent réellement au niveau de sa volonté. Il attend plutôt le moment propice qui lui permettra d'agir efficacement. Le Poissons a d'abord pour mission de clore le zodiaque. Ce qu'il fait à merveille même s'il le fait sans bruit.

LE POISSONS DANS LA MYTHOLOGIE

À l'origine, la mer avait une reine, Amphitrite, l'une des Néréides. Quand les trois frères, Zeus, Hadès, Poséidon prirent le pouvoir, ils se partagèrent le monde. Zeus s'adjugea le ciel, Hadès les Enfers ; à Poséidon revint le royaume des eaux. Arriva ce qui devait arriver. Poséidon s'éprit d'Amphitrite et la poursuivit de ses avances. Elle se refusait, il l'enleva. Mais la belle n'était pas sans ressources : elle s'enfuit et alla se réfugier dans les palais d'Atlas, aux dernières limites de la mer. Poséidon manda un couple de dauphins pour parcourir les mers et la retrouver. La légende raconte que l'un des dauphins localisa Amphitrite et sût la convaincre de prendre Poséidon pour époux. Il la ramena au dieu qui fut ravi de l'aubaine. Ce mariage lui assurait un pouvoir incontesté sur les mers. Pour les récompenser d'avoir fait diligence, Poséidon immortalisa les dauphins en les plaçant au ciel où ils donnèrent leur nom à une constellation. Depuis, le signe est généralement représenté par deux poissons, allant chacun dans un sens inverse, reliés par une sorte de cordon ombilical, parfois par la gueule, parfois aussi par la queue. On ne peut s'empêcher de penser à ces poissons d'aujourd'hui dont on bague la queue pour les suivre dans leurs migrations. D'ailleurs, avant de s'appeler Poissons, le signe avait dans l'ancienne Babylone un autre nom : les Queues.

SA PLANÈTE : NEPTUNE

Le signe du Poissons est sous la double tutelle de Jupiter® et de Neptune. Jupiter pour l'expansion. Neptune pour l'inflation. Jupiter représente du Poissons l'aspect de l'Arche d'alliance, celle qui abrite les Tables de la Loi, Neptune l'aspect de l'arche de Noé qui assure la continuité.

Maître du Poissons, Jupiter est le symbole de la volonté, faible en apparence mais obstinée en réalité. Le Poissons est ainsi doux dehors et dur dedans comme le ressac de la mer, sans force dans l'instant mais qui à la longue abat toutes les falaises.

Neptune signifie les croyances et les illusions, la religion et les mystères ; c'est, dans le Poissons, un principe de perméabilité, de communion. Avec Neptune le Poissons est réceptif, émotif, insaisissable. Jupiter symbolise la puissance de son instinct grégaire ; Neptune son désir d'évasion. Facteur de médiumnité ou d'inspiration, de tolérance ou de fanatisme, d'intuition ou d'indécision, Neptune présume aussi bien le changement que la continuité, l'enthousiasme que l'abandon. Neptune sacrifie volontiers le matériel au spirituel. En Poissons, sa marque

est aussi bien celle de l'irrationnel ou du providentiel, de l'étrange et du merveilleux.
Avec Jupiter, le Poissons est conventionnel, perméable aux influences de son environnement familial, social. Il n'a aucune difficulté pour s'accommoder des normes de son temps, pour prendre modèle sur ses semblables. Avec Jupiter, il est standard. Avec Neptune, il est, en revanche, insaisissable. Il donne l'impression de vivre à la périphérie des choses, d'exister dans les marges. Sa personnalité semble indécise, flottante. Il alterne sans cesse de l'abattement à la confiance sans réussir à se fixer une ligne de conduite durable.
Avec Neptune, le Poissons n'a qu'une connaissance très approximative de ses propres limites. Il est rarement au fait de ses réelles compétences. Doutant de lui-même, il recule parfois devant des aventures, des entreprises, dont il serait pourtant capable. Mais, il pèche parfois aussi par excès de confiance et se retrouve entraîné au-delà de ses premières intentions. Avec Neptune, le Poissons navigue entre deux eaux. Il est porté par les courants de son siècle, plus conscient de l'univers et du monde que de lui-même.

LA MAISON DU POISSONS

Le Poissons est traditionnellement associé à la Maison® XII, la Maison des épreuves, contraintes ou volontaires. Elle signifie aussi bien les grandes épreuves de la vie : la naissance, la maladie, la vieillesse et la mort, que les grandes épreuves de l'existence : la folie, la réclusion, la solitude. La Maison XII symbolise ainsi tous les univers clos : prisons, couvents, hôpitaux. Improductive, elle marque aussi le temps des vacances, des loisirs, l'espace des objectivés susceptibles de réduire un individu, de remettre aussi bien en cause son intégrité personnelle, physique ou morale, que ses possibilités d'évolution, de métamorphose, de régénération. La Maison XII est, si l'on en croit les traditions mystiques, le réservoir des causes passées, la Maison de la réincarnation. Dans un thème astrologique, elle signifie le temps passé des vies antérieures et la première enfance avant l'acquisition du langage.
Avec la Maison XII, le Poissons est un signe silencieux. Ce qu'il dit a toujours moins d'importance que ce qu'il ne dit pas. En mode Poissons, la réelle communication se passe toujours dans les interstices du langage, dans les complicités du regard, la connivence des gestes, le partage des

émotions. Rien n'y est jamais à sens unique, rien n'y est jamais définitif. De là à accuser le Poissons de nager en eaux troubles, il n'y a qu'un pas que l'on peut allégrement franchir. Jouant sur la confusion, il a bien entendu un talent tout à fait naturel pour noyer le poisson, user de faux-fuyants, de subterfuges. S'il se faufile dans les situations les plus inextricables, pourquoi ne pas le porter au crédit de sa sensibilité, de son intuition ?

Avec la Maison XII, le Poissons échoue souvent en pratiquant les voies les plus évidentes. En revanche, il est assuré de réussir en empruntant des voies détournées, imprévisibles, inattendues. Et ces voies-là, parce qu'elles sont ce qu'il peut y avoir d'irrationnel, de divin en l'homme, nous sont souvent impénétrables.

LE MOI POISSONS

Le Poissons est le signe du zodiaque sans doute le plus réceptif. Il s'identifie facilement aux autres, ressent ce qu'ils ressentent et il a une bonne écoute. Revers de la médaille : il est très influençable. Manque d'objectivité, de logique (il se fie plus à son intuition), il reste toujours un peu flou dans ses intentions et ses projets (pour se garder une porte de sortie) et il renonce facilement en cas de difficulté ou de complication (manque de constance dans ses relations, de suivi dans ses activités). Il a un réel talent pour régler les problèmes sans les prendre de front (il sait faire des compromis, voire des concessions). Contrepartie : il n'est pas très courageux (il fuit quand ça devient trop compliqué ou trop conflictuel).

SON CARACTÈRE

Hyperémotif, le Poissons est réceptif à toutes les influences, perméable à toutes les ambiances. Il a souvent du mal à prendre du recul. Très indulgent, à la limite de la complaisance, il est souvent dupe de ses propres illusions sentimentales ou intellectuelles. Mi-fataliste, mi-providentiel, ses initiatives sont plus inspirées, plus improvisées, plus velléitaires que réellement réfléchies, organisées, volontaires. Il se laisse parfois envahir par des considérations irrationnelles.

Personnalité polymorphe, il se fond dans le décor, il se coule dans les ambiances sans se laisser envahir. Ses pôles d'attraction sont multiples, fluctuants. Caractère instable, il change plus souvent d'humeur que de chemise. Il a le chic pour se tirer de toutes les situations embarrassantes. Il déteste s'enfermer dans un monde d'habitudes, mais il a pourtant besoin de points fixes. Sinon, c'est l'angoisse. Très communicatif ou très secret, il est difficile à cerner.

Il n'a pas vraiment le sens des réalités matérielles. Comptant sans dépenser ou dépensant sans compter, il est imprévoyant. La providence pourvoira aux lendemains. Il fait sans cesse mille rêves de richesses et espère en la manne céleste. Gagner de l'argent, un miracle ; en perdre, une fatalité. Il croit volontiers à tous les serpents de mer, à tous les mirages de la fortune, même s'il sait se contenter de peu. Peu dépensier, il peut flamber sur un coup de cœur, dans la magie d'un instant ; il ne se ruinera pas pour autant.

SON ENFANCE

Enfant, le Poissons est tout un poème (et un grand rêveur). À son niveau, les choses ne sont jamais ce qu'elles paraissent. Entre dire et vivre, il y a un monde. Il se défend de toutes influences, mais il est cependant très impressionnable et particulièrement sensible aux conditions extérieures et aux jugements des autres. Il n'oppose jamais qu'une faible résistance aux agressions de son environnement. Il a beaucoup de flair pour obtenir des résultats à moindre effort. Question de nuances sans doutes. Bousculer les rangs pour passer en tête ce n'est pas son genre. À la limite, il peut resquiller pour ne pas faire la queue mais toujours très discrètement. Il fait parfois des complexes qui sapent un peu la confiance qu'il peut avoir en lui-même. Il n'est pas très hardi ; il a facilement tendance à douter de lui-même, à se remettre en question. Ses propos, ses actes semblent parfois n'avoir ni queue, ni tête à moins qu'il donne l'impression de se mordre la queue. Ne comptez pas sur lui pour en venir directement au fait. Quand il ne tourne pas en rond ; il tourne autour du pot. Mais, un jour, il se décide à plonger pour de bon.

À QUOI CARBURE-T-IL ?

Sa valeur dominante : la tranquillité. Celle-ci peut prendre plusieurs formes. La procrastination : il remet systématiquement au lendemain ce qu'il peut faire le jour même. L'idéalisme : il se fixe des objectifs inaccessibles (inutile d'essayer), il attend des conditions optimales pour agir (elles sont rarement réunies). Le pessimisme : il dramatise les difficultés (réelles) ou il en imagine d'hypothétiques pour ne rien faire.

SA FORCE

Très en recul par rapport aux choses la plupart du temps, plus tourné vers lui-même, il est peu vulnérable aux événements extérieurs. Il s'accommode parfaitement bien de la solitude (très secret, taciturne).

SA FAIBLESSE

La persistance de ses comportements : il est plutôt esclave de ses habitudes, très conservateur (passéiste, intolérant) et rancunier (inimitiés, haines tenaces), pas facile à changer.

COMMENT LE PRENDRE

Plus discret comme signe, c'est rare. Introverti (pas bavard), secret, en général, il reste sagement dans son coin et il préfère se soumettre (au moins en apparence) plutôt que créer des problèmes. Il absorbe tout (ennuis, reproches, etc.) comme une éponge, mais quand c'est trop c'est trop. Saturé, il devient désordre (fait et dit n'importe quoi, mélange tout : bien, mal, sentiments…), très chaotique pour tout le monde (lui y compris). Pour éviter, il faut lui fixer un cadre, des règles, des tâches et des délais bien délimités dans le court terme.

QUELLE CHANCE IL A ?

Trois bonnes fées se seraient-elles penchées sur son berceau ? Ou est-ce qu'il a un don pour être au bon endroit au bon moment (et avec les bonnes personnes). En tout cas, le Poissons est exceptionnellement chanceux. Il a trop tendance à l'oublier quand il a comme tout le monde ses petits moments de déprime ou quand rien ne va plus. C'est dommage parce que ce n'est que passager et que la roue de la fortune tourne toujours très vite à nouveau en sa faveur.

La chance du Poissons est particulièrement tangible dans le domaine associatif, de la solidarité, de l'humanitaire. C'est souvent là qu'il remporte ses plus grand succès.

SES ANNÉES CLEFS

Dans la vie, il y a des hauts et des bas, des moments charnières, des périodes clefs à ne pas rater. Quel avenir pour le Poissons ? Voilà un aperçu (non exhaustif) de ses possibilités.

2014

Souvent le moment pour le Poissons d'un choix décisif : études, job, vie sentimentale… L'opposition® de la Lune Noire® (29 novembre 2014 – 25 août 2015) l'oblige à trancher dans le vif, quitte à rompre avec son vieux monde (milieu social, conjoint, ville…) et surtout ses mauvaises habitudes (imaginer qu'il est incompris, ne pas savoir demander…). Impératif : ne pas attendre d'avoir le couteau sous la gorge. Anticiper sur les événements et agir en conséquence.

2015

De nombreuses facilités avec la Queue du Dragon® et Neptune dans le signe (du 11 octobre 2015 jusqu'au 28 avril 2017). Amour, argent, relation, travail, toutes les portes lui sont très ouvertes et les cailles tombent toutes rôties dans le bec. C'est le moment, ou jamais, de prendre ses désirs pour des réalités. Le bémol : pas de décision à l'instinct, sur un coup de tête. Il doit bien peser le pour et le contre avant d'agir.

2019

Gros problème (psychologique, relationnel…) pendant le passage de la Lune Noire (du 3 mai 2019 au 26 janvier 2020). Des risques de ruptures, de problèmes légaux, professionnels, d'autant plus que Jupiter, en carré® lui aussi (jusqu'au 2 décembre 2019), limite la marge de manœuvre. Deux solutions : soit s'enfermer dans le non-dit (et même le non pensé). Bref, se taire et ruminer, culpabiliser, en vouloir (à lui, aux autres), reculer devant l'obstacle, adopter une conduite d'échec… Soit prendre le taureau par les cornes : « Qu'est-ce qui ne va pas, qu'est ce qui bloque, qu'est-ce que je peux faire pour décoincer les situations ? »

2022

Bonheur absolu, euphorie totale avec Jupiter et Neptune, ses deux planètes, dans son signe, en tout cas, de la fin octobre à la mi-décembre. Une bonne période pour convoler en justes noces, agrandir la famille (faire un autre bébé), explorer toutes les profondeurs de sa sensualité (gastronomie, art, sexe…). Au plan pratique, il sera question d'expansion matérielle : acheter un appart ou une maison (plus grand, plus confortable…), passer à la vitesse supérieure dans son job (promo, petite entreprise personnelle…), voyager (business ou plaisir), etc. Et financière (beaucoup de chance dans ce domaine).

2023

Une grande remise à plat possible avec le passage de Saturne® dans le signe (du 8 mars 2023 au 13 février 2026). Pas de doute : il a maintenant suffisamment d'expérience pour savoir quel genre de vie il doit mener (« Où ? Comment ? Avec qui ? »). Si ce n'est pas le cas, s'il ne sait pas toujours ce qu'il veut (supporter ou pas), c'est le moment de prendre du recul et de faire un bilan complet (et sérieux) de son existence. Du point de vue pratique, c'est une bonne période (conjonction® de Saturne et Neptune dans son signe) pour construire en dur (une maison qui soit le reflet fidèle de sa personnalité) et, d'une manière générale, se fixer durablement, trouver ses racines.

2025

Exit Neptune du signe (le 30 mars). Passage de Saturne (jusqu'au 25 mai). C'est la fin des illusions. Il redevient très lucide. Fini de se raconter des histoires (de princesse et de prince charmant) ou de se défiler (une manie chez lui) dès qu'il y a un problème. Il fait le point sur son existence (sentimentale, matérielle…) et en tire des conséquences. Qu'est-ce qu'il attend vraiment de la vie, des autres? Qu'est-ce qu'il doit faire pour s'affirmer? Il ne court plus après des mirages, il remet de l'ordre dans sa tête, de la discipline dans sa vie (plus de régularité, de rigueur dans tout). Du coup, il peut concentrer toutes ses énergies vers un but déterminé (au lieu de se disperser): faire sa place au soleil, rencontrer l'âme sœur qui le rendra vraiment heureux…

2028

Pesante l'opposition de Jupiter (du 27 juillet 2027 au 24 août 2028). Il peut faire du gras comme la grenouille qui voulait devenir bœuf (La Fontaine) pour exister: par simple vanité ou pour compenser un grand sentiment de solitude ou d'isolement (Lune Noire dans le signe à partir du 8 mars). Ou des excès (alcool, pétards, achats compulsifs…). C'est usant (moralement et physiquement) si ça dure trop longtemps. Autre danger: mal placer sa confiance et son capital. À éviter absolument: les investissements à risques ou de prêter sans garanties.

2033

Petite incursion de Jupiter dans son signe (du 15 avril au 13 septembre). C'est le bon moment pour lui de prendre de l'expansion: convoler en justes noces, agrandir la famille, acheter un appart ou une maison, passer à la vitesse supérieure dans son job, voyager (business ou plaisir), etc. D'un côté, il a besoin (et envie) d'indépendance (freelance professionnel par exemple), de se réaliser (en grand), de prendre des risques (en étant original, en pariant sur l'avenir); de l'autre, il est aussi freiné (manque de moyens, contexte non favorable, poids du passé, des habitudes…). Pas d'hésitation: Jupiter dans le signe promet le succès.

2036

Le moment est venu pour le Poissons (opposition de Saturne du 17 octobre 2036 au 5 septembre 2039) de prendre ses responsabilités. Faire ses propres choix (matériels, financiers…) et les assumer, quitte (c'est probable) à entrer en conflit avec son entourage (famille, amis…).

Sinon il risque de rester sous sa coupe (même dorée ce n'est pas une affaire) et de se trimballer sa vie durant avec un paquet d'inhibitions, de scrupules étouffants et de culpabilité.

2039

Fin de l'opposition de Saturne (le 5 septembre). Tout redevient plus léger. Moins de contraintes et de restrictions (familiales, professionnelles, financières…). Et plus de petits et grands plaisirs, de liberté de mouvement, de possibilités d'expansion, de sentiment de bien-être. Les projets gelés, retardés, refont surface.

LE POISSONS AU TIBET

Dans l'astrologie tibétaine, les douze signes du zodiaque sont associés aux douze *nidānas* qui forment la chaîne des causes et des conséquences, responsable du cycle infini des naissances et des morts et de la réincarnation.

LE ZODIAQUE TIBÉTAIN

Ces douze causes sont dans l'ordre, chaque *nidāna* (ou chaque signe) entraînant le suivant :

- Bélier®: l'ignorance (*avidyā*);
- Taureau®: les constructions mentales (*samskāra*);
- Gémeaux®: la conscience discriminante (*vijñāna*);
- Cancer®: le nom et la forme (*nāma-rūpa*);
- Lion®: les six sens (*sadāyatana*);
- Vierge®: le contact (*sparśa*);
- Balance®: la sensation (*vedanā*);
- Scorpion®: le désir (*trsnā*);
- Sagittaire®: l'attachement (*upādāna*);
- Capricorne®: le devenir (*bhava*);
- Verseau®: la naissance (*jāti*);
- Poissons: la vieillesse et la mort (*jarā-marana*).

LA « PERFECTION » DU SIGNE

Pour atteindre le *nirvāna* (littéralement « l'autre rive »), rompre la chaîne des réincarnations ou avoir une réincarnation idéale, c'est-à-dire exempte des huit servitudes que sont les tourments des plaisirs, de la guerre, de l'esclavage salarié ou pas, de la faim, de la soif, de la chaleur, du froid, des idéologies, il faut avant tout faire cesser l'ignorance. Ce qui a pour conséquence la disparition du second terme, qui entraîne la cessation du troisième et ainsi de suite, jusqu'à la disparition du dernier: la douleur, sous toutes ses formes. Pour en finir avec l'ignorance, on ne peut compter que sur ses efforts personnels, mais chaque signe peut y parvenir en suivant sa propre voie, celle qui lui est donnée par son *pāramitā* (littéralement « perfection »).

LE DESTIN DU POISSONS

Nidāna: *jarā-marana*, la vieillesse et la mort. Mais le terme désigne aussi tout ce qui est douloureux: le chagrin, la tristesse, les tourments, les épreuves, etc.
Pāramitā: *kshanti*, la patience. Comme pour le Sagittaire, sauf qu'ici l'accent porte moins sur la compassion et plus sur la capacité à accepter l'inévitable et à endurer les vicissitudes de l'existence. On retrouve là les capacités habituelles du Poissons: sens du sacrifice, foi, réceptivité, etc.

BON KARMA: DONNER

Il s'appuie sur ses qualités et choisit d'aller vers des gens (biens) et des situations (valorisantes) qui renforcent son estime de soi. En cas d'échec professionnel ou sentimental, il relativise en se disant qu'il a encore des progrès à faire. Il donne beaucoup de lui-même par amour ou compassion sans nuire à ses propres intérêts, besoins, désirs et priorités, personnels. Il se fait aimer pour sa sensibilité, sa gentillesse, son dévouement. Côté cœur, il trouve le bon partenaire pour vivre un amour total sans pour autant virer carpette.

MAUVAIS KARMA : SE SACRIFIER

Il se focalise sur ses défauts et il se laisse entraîner dans des situations et des expériences socioprofessionnelles ou sexuelles humiliantes, des relations dévalorisantes pour son ego, où il repousse les gens biens et il est attiré par les tordus et les pervers de tout poil. Il passe sa vie à culpabiliser : il ne mérite pas qu'on l'aime, d'avoir du plaisir ou du succès, et à se sacrifier pour des personnes qui n'en valent pas la peine ou ne lui ont rien demandé. Il va de déception en déception, d'échec en échec et s'enfonce de plus en plus parce qu'il ne fait pas ce qu'il faut pour se faire du bien.

SA VIE D'AVANT, SA VIE D'APRÈS

Il était qui avant cette vie ? Il est qui après ? Pour les hindous, tout dépend de Rahu et Ketu (prononcer : « Rahou » et « Ketou »), la Tête et la Queue du Dragon®, deux points astronomiques (à l'intersection de l'orbite lunaire et terrestre) à lent déplacement (ils ne reviennent que tous les 17 ans environ dans un signe).

Le signe où est Ketu, la « queue », dans le ciel natal, c'est le chemin de la facilité et parfois la pente sur laquelle on peut dégringoler : inconsciemment, on reproduit les comportements de notre vie passée, mais comme ils ne sont pas adaptés à notre vie actuelle, on rate tout. Rahu, la « tête », c'est en revanche, tout ce qu'on doit affronter, en général ce qui nous est le plus pénible ou qu'on déteste, pour avancer dans le bon sens, vers le haut de l'évolution.

RAHU EN BÉLIER ET KETU EN BALANCE

19 juin 1930 – 6 janvier 1932, 29 janvier 1949 – 17 août 1950, 10 septembre 1967 – 29 mars 1969, 22 avril 1986 – 8 novembre 1987, 1er décembre 2004 – 20 juin 2006, 13 juillet 2023 – 29 janvier 2025, 22 février 2042 – 10 septembre 2043…

SA VIE ANTÉRIEURE

C'était un libertin, souvent un bourreau des cœurs et, plus rarement, une nympho. Il ne rêvait que de se caser, d'âme sœur (il recherchait l'union parfaite), de mariage (il en avait sans doute plusieurs à son actif), mais il ne pouvait pas s'empêcher d' « allumer » (les femmes, les hommes, les bébés, les chiens…). Il avait sans cesse besoin de séduire : pour le plaisir (libertin), mais aussi pour se rassurer dans une masculinité ou une féminité dont il n'était pas très certain.

Dans cette vie-là…

Ses tentations : profiter des atouts que lui a donnés la nature (seins, fesses, yeux, sourire…) au lieu d'utiliser sa tête et passer son temps à tomber amoureux ou être incapable de dire « non », dès qu'un garçon est mignon ou une fille trop craquante. Et, au lieu de se construire socialement et professionnellement, devenir dépendant au nom de l'amour et s'écraser (opinions, goût, intérêts personnels) parce qu'il craint plus que tout la solitude.
Ce qu'il doit faire : ne pas chercher à tout prix à plaire et à être aimé. Ni sacrifier son indépendance à un autre (en imaginant qu'il est la solution magique à tous ses problèmes), ni courir d'un partenaire à l'autre en se disant chaque fois que le suivant est le bon. Il doit apprendre à s'assumer tout seul, à être autonome matériellement et affectivement, sans avoir peur de la solitude.

Sa prochaine vie

C'est un aventurier, un guerrier. Un homme (plus rarement une femme) d'action et de décision (il tranche dans le vif). Il est le bras armé de la loi et de la justice, mais parfois aussi du chaos et de l'injustice : flic, Casque bleu, GI's, terroriste, kamikaze…

RAHU EN TAUREAU ET KETU EN SCORPION

12 juillet 1947 – 28 janvier 1949, 21 février 1966 – 9 septembre 1967, 2 octobre 1984 – 21 avril 1986, 14 mai 2003 – 30 novembre 2004, 24 décembre 2021 – 12 juillet 2023, 4 août 2040 – 21 février 2042...

SA VIE ANTÉRIEURE

C'était un séducteur. Il utilisait le sexe pour manipuler et prendre le pouvoir affectivement, socialement et financièrement. Ses rapports étaient souvent conflictuels : il régnait à l'intimidation, à la menace, à l'ultimatum ; ses amours (des relations plutôt sadomaso) étaient empoisonnées par la jalousie, le ressentiment. Il avait du mal à être fidèle, loyal ; il était plus ou moins incapable de gentillesse et de tendresse désintéressées.

DANS CETTE VIE-LÀ...

Ses tentations : se laisser aller à une sexualité débridée, en cédant par exemple à toutes ses pulsions, multiplier les expériences (triolisme, échangisme...) ou profiter de ses facilités dans ce domaine-là pour en tirer des avantages matériels : mariage avantageux, promotion canapé, prostitution. Résultat : une existence sans doute très passionnée, mais aussi très tourmentée avec prises de tête chroniques,

bisbilles, MST, violences « conjugales », comportements destructeurs ou autodestructeurs, etc.
Ce qu'il doit faire : apprendre à jouir des plaisirs, du sexe, sans pour autant tomber dans la boulimie maladive. Donc exit le sexe pour le sexe (place aux sentiments), les aventures d'un soir (place à l'amour) et les affres de la passion (place à la douceur, la tendresse, le bonheur). Mais exit aussi l'ascétisme : il doit apprendre à aimer, à se donner, pas à se frustrer. Il s'agit de faire preuve de tempérance (il a droit à quelques excès), pas d'abstinence.

Sa prochaine vie

C'est un bourgeois. Sensuel, il sait savourer tous les grands et petits plaisirs de la vie : bien-être, bonnes bouffes et bonnes lectures, sexe, amitiés, sans faire de vague. Il profite d'une existence tranquille, simple et naturelle dans la stabilité et la sécurité matérielle et affective.

RAHU EN GÉMEAUX ET KETU EN SAGITTAIRE

23 décembre 1945 – 11 juillet 1947, 3 août 1964 – 20 février 1966, 15 mars 1983 – 1er octobre 1984, 25 octobre 2001 – 13 mai 2003, 5 juin 2020 – 23 décembre 2021, 16 janvier 2039 – 3 août 2040…

Sa vie antérieure

C'était un notable. Quelqu'un (plus souvent un homme qu'une femme) qui jouissait d'une autorité morale et intellectuelle, d'un pouvoir social et financier. Il avait de la surface, des biens, du crédit confiance et de l'influence, du standing, du prestige, de la réputation. Il les utilisait avec bienveillance, mais fort de ses certitudes, de ses principes, il avait souvent tendance à en abuser en se croyant par exemple tout permis.

Dans cette vie-là...

Ses tentations: se prendre au sérieux parce qu'il a quelque chose de plus que les autres (beauté, fric, intelligence, pouvoir) et croire qu'il peut bénéficier de traitements de faveur sans avoir rien fait pour les mériter. Bref, se comporter d'une manière arrogante, hypocrite et intolérante, sacrifier valeurs et principes pour sauvegarder ses petits privilèges et prendre de haut en étant autoritaire, méprisant, les démunis, en fait tous ceux qui ne peuvent rien lui apporter.

Ce qu'il doit faire: arrêter de s'encroûter dans ses petites habitudes, sa routine. Mêmes amis, mêmes relations, mêmes idées, mêmes activités, il fonctionne parfois trop en circuit fermé. Il voit toujours les mêmes têtes, il fait toujours les mêmes choses. Il doit ouvrir son univers: bouger, voyager, rencontrer des gens différents, apprendre à relativiser, à se moquer de lui, à jouer, à s'amuser.

Sa prochaine vie

C'est un saltimbanque. Une fille (mais parfois un garçon, souvent d'ailleurs un peu entre les deux) inventive, curieuse, communicative. Ouvert d'esprit, mobile, il s'adapte avec aisance à tout et partout. Il ne s'attache à rien, jamais durablement ni aux choses (il apprécie les changements, la nouveauté) ni aux gens (il a un peu de mal à se fixer sentimentalement).

RAHU EN CANCER ET KETU EN CAPRICORNE

4 juin 1944 – 22 décembre 1945, 15 janvier 1963 – 2 août 1964, 26 août 1981 – 14 mars 1983, 6 avril 2000 – 24 octobre 2001, 17 novembre 2018 – 4 juin 2020, 28 juin 2037 – 15 janvier 2039…

Sa vie antérieure

C'était un fanatique, un solitaire qui sacrifiait tout : couple, enfants, vie de famille, à ses ambitions personnelles, son travail ou son idéal : une passion intellectuelle ou militante. Il avait le sens du devoir, des responsabilités, le goût de l'effort, de la discipline, de la vérité, une phobie plus ou moins prononcée de la foule, du social, des mondanités. Il se méfiait du désir, de la facilité, des apparences.

Dans cette vie-là...

Ses tentations: trop exiger de lui-même et des autres et s'en vouloir parce qu'il ne fait pas assez ou en vouloir aux autres: ils ne sont jamais à la hauteur, le déçoivent sans cesse. Bref, il vire au poisson froid, trop distant, méfiant, incapable d'intimité, d'exprimer des sentiments, au dragon domestique, revendiquant tout le temps, mais jamais satisfait ou trop timide, coincé, devient rabat-joie, voire maso. Ce qu'il doit faire: arrêter de ne voir que le côté négatif des gens, des choses, des situations et chercher à tout contrôler. Il doit apprendre à faire confiance aux autres (on en obtient toujours plus en les soupçonnant du meilleur), à vivre dans le présent, les bons moments au lieu de se projeter sans cesse dans un avenir idyllique, à exprimer son imagination et ses sentiments au lieu de tout rationaliser.

Sa prochaine vie

C'est une mère. Maternel et maternant, il donne la priorité à la sensibilité, à la créativité et au feeling, à l'intimité (maison, couple), à la famille et aux enfants sans que cela l'empêche pour autant d'avoir un travail valorisant. Il fait toujours chaud chez lui : ambiance confortable, bonne nourriture mitonnée avec amour, écoute bienveillante, câlins…

RAHU EN LION ET KETU EN VERSEAU

16 novembre 1942 – 3 juin 1944, 27 juin 1961 – 14 janvier 1963, 5 février 1980 – 25 août 1981, 18 septembre 1998 – 5 avril 2000, 29 avril 2017 – 16 novembre 2018, 10 décembre 2035 – 20 juin 2037…

Sa vie antérieure

C'était un révolutionnaire (plus souvent un que une), un activiste. Il faisait partie d'un groupuscule : majorettes, prêtres homos, krishnas, raëliens, *ecolo-warriors*, allumés New Age, trotskystes de La Poste, lesbiennes juives sadomasochistes, etc. ou d'une secte et, au nom de ses idéaux (liberté, indépendance, révolution, droits des animaux, des arbres…), du Parti ou par pure incapacité, il avait souvent sacrifié reproduction de l'espèce, vie de couple, de famille.

Dans cette vie-là…

Ses tentations : se prendre pour un rebelle et/ou une grande incomprise, continuer à se marginaliser (look extravagant, idées farfelues, etc.) et cultiver sa différence.

Résultat : il devient de plus en plus intolérant : il tourne en circuit fermé et tout ceux qui ne sont pas comme lui sont des tarés ; et paranoïaque : le monde entier lui en veut et le persécute pour l'empêcher de délivrer un message capital pour l'humanité.
Ce qu'il doit faire : s'intégrer, remiser ses panoplies (tenues et idéologies de cirque) à la cave, se dire qu'il est comme tout le monde ni mieux ni pire et faire comme tout le monde : cotiser à l'espèce, à la communauté des humains. Bref, il sort de sa solitude glacée et il se singularise en faisant preuve d'une vraie originalité : création, innovation, etc.

Sa prochaine vie

C'est un mécène (plus rarement une femme), avec du pouvoir et de la prestance. Il est reconnu pour sa contribution à la civilisation ou à la vie sociale. Il réussit à concilier créations de l'esprit (il apporte sa propre contribution artistique) et créations de la chair (il fait des enfants).

RAHU EN VIERGE ET KETU EN POISSONS

28 avril 1941 – 15 novembre 1942, 9 décembre 1959 – 26 juin 1961, 20 juillet 1978 – 4 février 1980, 28 février 1997 – 17 septembre 1998, 11 octobre 2015 – 28 avril 2017, 22 mai 2034 – 9 décembre 2035…

Sa vie antérieure

C'était une cendrillon : prostituée, technicienne de surface, femme battue, servante de Dieu, dans le don ou l'abnégation de soi. C'était une victime, une sacrifiée ; elle n'avait pas les moyens (manque de caractère, d'éducation, d'argent…) pour sortir de sa situation. Facilement influençable, impressionnée, elle était exploitée.

Dans cette vie-là…

Ses tentations : continuer à se sacrifier au nom de l'amour, par exemple en vivant par ou à travers un autre, d'une « mission ». Passer sa vie à culpabiliser (il mérite tout ce qui lui arrive, il n'en fait jamais assez pour les autres) et entretenir la spirale infernale du malheur : il choisit systématiquement des gens et des expériences qui lui font du mal à l'ego et/ou physiquement. Résultat : il est de plus en plus déprimé, en situation d'échec.
Ce qu'il doit faire : arrêter de se focaliser sur tout ce qui ne va pas chez lui (défauts physiques ou moraux) et se prendre en mains et en charge. Concrètement, ça veut dire ne plus faire des choix de vie, de gens en fonction de considérations affectives car ses émotions, ses sentiments lui font trop souvent faire des bêtises, mais en réfléchissant objectivement : qu'est-ce qui est bien pour lui, répond vraiment à ses besoins, ses désirs, ses attentes ?

Sa prochaine vie

C'est une *executive woman* (rarement un garçon), bien propre sur elle (look clean, hygiène de vie) et dans sa tête (idées en ordre) qui s'assume toute seule : elle va vers les autres, elle partage avec eux, mais elle ne les utilise pas comme des béquilles. Elle sait ce qui est bon pour elle : elle pose les limites entre l'acceptable et l'inacceptable, et pour les autres : ils peuvent compter sur elle.

RAHU EN BALANCE ET KETU EN BÉLIER

10 octobre 1939 – 27 avril 1941, 21 mai 1958 – 8 décembre 1959, 30 décembre 1976 – 19 juillet 1978, 12 août 1995 – 27 février 1997, 23 mars 2014 – 10 octobre 2015, 2 novembre 2032 – 21 mai 2034…

Sa vie antérieure

C'était un guerrier (pas toujours avec des causes justes), une virago (impulsive, agressive, multipliant les activités ou conduites à risque). Il se bagarrait pour tout et pour rien et il s'efforçait de dominer son entourage en utilisant souvent la menace et parfois la force. Bref, brouillon, brutal, limite *borderline*, ce n'était vraiment pas un cadeau, pas plus pour lui que pour les autres d'ailleurs.

Dans cette vie-là...

Ses tentations : privilégier dans son existence des attitudes viriles (look garçon manqué, comportements grande gueule, maladroits, violents...) et des activités très « physiques » (sexe compulsif, sport extrêmes, métiers ultra compétitifs...) au détriment de sa féminité ou de sa masculinité. Résultat : il est incapable d'une vie de couple à peu près normale (trop de rapports de force) ou de famille à peu près fonctionnelle (il n'a pas le temps de faire des enfants ou de s'en occuper correctement).

Ce qu'il doit faire : arrêter d'entrer en compétition avec les autres, de se mettre en colère pour un rien, apprendre à désamorcer les rapports de force, à éviter les conflits, et utiliser ses qualités : séduction, sensibilité, intuition, délicatesse, diplomatie, etc. Il doit apprendre aussi à jouer moins perso (genre « je n'ai besoin de personne ») et à soigner un peu plus ses relations, en se montrant plus compréhensif, et conciliant, particulièrement dans ses amitiés et dans son couple.

Sa prochaine vie

C'est un séducteur. Son existence est placée sous le signe du plaisir (mondanités, luxe, distractions) et de l'amour (il cherche l'âme sœur, le mariage). Esthète, artiste, il fait beaucoup pour plaire, être aimé, apprécié. Il mène souvent une vie facile, insouciante, quoiqu'un peu instable : il est très mobile, changeant, un peu inconstant, girouette.

RAHU EN SCORPION ET KETU EN TAUREAU

22 mars 1938 – 9 octobre 1939, 1er novembre 1956 – 20 mai 1958, 13 juin 1975 – 29 décembre 1976, 22 janvier 1994 – 11 août 1995, 2 septembre 2012 – 22 mars 2014, 15 avril 2031 – 1er novembre 2032…

SA VIE ANTÉRIEURE

C'était une grosse bourgeoise (bonnes chairs et bonnes chères), attentive au plaisir (goût du confort, du décorum, du savoir-vivre, de la convivialité). Mais aussi quelqu'un de très possessif en amour et matériellement. Il avait tendance à s'encroûter dans ses habitudes, il avait du mal à se remettre en question (il était particulièrement entêté), à accepter les changements (il freinait des quatre fers).

DANS CETTE VIE-LÀ…

Ses tentations : tout centrer sur l'argent car il a des facilités pour en gagner et son bien-être matériel, en accumulant les choses, au détriment de tout le reste : amour, culture, spiritualité. Résultat : il devient un rat ou une grosse profiteuse (intéressée, égoïste), il est vaniteux (à cause de

tout ce qu'il a), envieux (à cause de tout ce qu'il n'a pas) et il s'amollit physiquement et moralement.
Ce qu'il doit faire : arrêter les excès : nourriture, sexe, achats, et se mettre au régime : perdre ses kilos en trop, jeter ses vieilleries, vider ses placards et donner aux pauvres, etc. pour s'alléger. Ensuite, il doit cesser de ruminer son passé, ses souvenirs ou ses rancunes et prendre des initiatives (parler, bouger, créer) et des risques pour se remettre en question, faire du neuf, avancer au lieu de piétiner.

Sa prochaine vie

C'est une sorcière. Rebouteuse, psychanalyste sexothérapeute, pornographe, call-girl, elle explore les mystères du sexe et de la mort et elle soigne les petits bobos du corps et de l'âme, contre espèces sonnantes et trébuchantes. Ses activités sentent un peu le souffre et il passe souvent à la télévision.

RAHU EN SAGITTAIRE ET KETU EN GÉMEAUX

2 septembre 1936 – 21 mars 1938, 14 avril 1955 – 31 octobre 1956, 23 novembre 1973 – 12 juin 1975, 5 juillet 1992 – 21 janvier 1994, 14 février 2011 – 1er septembre 2012, 26 septembre 2029 – 14 avril 2031…

Sa vie antérieure

C'était un petit voleur (plutôt un mec). Il vidait les bourses, il escroquait les vieilles dames de leurs économies, il pillait les troncs dans les églises, les pièces dans les parcmètres. Ou il piquait les idées des autres, faisait des faux, des plagiats. Ou il trichait aux cartes, il truquait les balances (petit commerçant).

Dans cette vie-là…

Ses tentations : profiter de ses facilités de contact et de communication pour continuer à rouler les autres dans la farine par le mensonge, la triche, la fraude et la tromperie. Conséquences, une fois qu'il a épuisé son crédit confiance car on ne peut pas mentir à tout le monde tout le temps, il se retrouve tout seul, il passe son temps à fuir les copines et les amis qu'il a arnaqués, ses créanciers, son banquier, le fisc, la justice…

Ce qu'il doit faire : arrêter de bricoler, de se disperser, de se défiler, d'être opportuniste. Il doit prendre et assumer des responsabilités, se montrer capable d'engagement durable (travail, couple, famille), apprendre à capitaliser (amour, amitiés, relations, fric, etc.) et à se projeter dans l'avenir (stabilité, constance, fidélité).

SA PROCHAINE VIE

C'est un gros capitaliste (plus souvent un homme). Grand patron, gros marchand d'objet ou d'idées, il fait son beurre en mondialisant, en spéculant en bourse, en « fusionnant-acquérant », en dégraissant les effectifs avec bonne conscience, jusqu'à ce qu'il dépasse la ligne jaune et que des petits juges viennent lui chercher des poux dans ses comptes. On parle souvent de lui dans *Le Monde*.

RAHU EN CAPRICORNE ET KETU EN CANCER

13 février 1935 – 1er septembre 1936, 25 septembre 1953 – 13 avril 1955, 6 mai 1972 – 22 novembre 1973, 16 décembre 1990 – 4 juillet 1992, 28 juillet 2009 – 13 février 2011, 8 mars 2028 – 25 septembre 2029…

SA VIE ANTÉRIEURE

C'était une romancière (publiée, avec sa petite réputation). Elle écrivait des histoires d'amour (souvent du Barbara Cartland) dans une chaumière (chic et bien chauffée car elle était très frileuse) en embrassant les crapauds de son étang dans l'espoir de rencontrer un prince d'Hollywood qui adapte au cinéma son dernier roman.

DANS CETTE VIE-LÀ...

Ses tentations : s'enfermer sous sa couette parce qu'il a peur de la vie, des autres, de l'avenir, rêver de l'amour au lieu de le vivre, auquel cas il vire vieille fille ou vieux crouton, renoncer à un vrai travail, une vraie carrière parce que c'est trop difficile ou que ça demande trop d'efforts et se contenter de faire des confitures et des enfants.
Ce qu'il doit faire : rompre avec le passé, son enfance, couper le cordon, se projeter dans l'avenir, avoir des ambitions, se fixer des objectifs. Et lutter contre la paresse : plus c'est ardu, plus c'est bien pour lui. S'assumer tout seul, affectivement, matériellement et financièrement, sans compter sur les autres : conjoint, amis, famille.

SA PROCHAINE VIE

C'est une philosophe (plus rarement un). Il écrit des ouvrages savants, il enseigne, Il est docteur *honoris causa* de nombreuses universités, il vit seul avec ses livres et un chat après un premier mariage malheureux et, sur le tard, vers 40 ans, il épouse (un mariage heureux) un présidentiable.

RAHU EN VERSEAU ET KETU EN LION

27 juillet 1933 – 12 février 1935, 7 mars 1952 – 24 septembre 1953, 17 octobre 1970 – 5 mai 1972, 29 mai

1989 – 15 décembre 1990, 8 janvier 2008 – 27 juillet 2009, 20 août 2026 – 7 mars 2028…

Sa vie antérieure

C'était un *sex symbol* (plus souvent un Jagger qu'une Madonna). Il mettait le feu, il vivait entouré de groupies et de gardes du corps, il avait l'argent, le sexe, la drogue (et les accusations de viol, les recherches en paternité, les MST, etc.). Bref, c'était la fête, il avait ses entrées partout chez les rockers et la reine d'Angleterre, les grands couturiers et les patrons d'Hollywood.

Dans cette vie-là…

Ses tentations : avoir un ego hypertrophié, continuer à regarder les gens de haut et réclamer constamment éloges et compliments alors qu'il n'a et/ou ne fait plus rien d'exceptionnel. Il en fait trop pour attirer l'attention : attitudes et tenues provocantes, ostentatoires, rires hystériques, voix agressive, discours de poissarde, etc. et il crise émotionnellement (colère, rage, sanglots de veau) chaque fois qu'il n'est pas le *number one*.

Ce qu'il doit faire : arrêter de jouer un rôle de princesse et/ou de victime, de chercher à vouloir être quelqu'un d'autre, par exemple en s'affamant, en abusant de la chirurgie esthétique, en se droguant et se contenter d'être lui-même avec ses défauts et ses qualités, en misant plus sur son intelligence et sa sensibilité que sur ses rondeurs ou son agressivité.

Sa prochaine vie

C'est une chienne (ou un chien) de garde. Il détient la vérité, la seule, l'unique, celle de sa communauté, de sa tribu, de sa religion, de sa secte, de son groupuscule ou juste de lui tout seul. Il fait la morale (sur les plateaux télés, dans les magazines) et il condamne au silence et/ou au bûcher tous ceux qui ont une autre opinion que la sienne.

RAHU EN POISSONS ET KETU EN VIERGE

7 janvier 1932 – 26 juillet 1933, 18 août 1950 – 6 mars 1952, 30 mars 1969 – 16 octobre 1970, 9 novembre 1987 – 28 mai 1989, 21 juin 2006 – 7 janvier 2008, 30 janvier 2025 – 19 août 2026…

Sa vie antérieure

C'était un petit commerçant : herboriste, pharmacien, vendeuse de quatre-saisons, d'espace publicitaires. C'était un pragmatique : priorité au concret, à l'efficacité, à l'ordre (une place pour chaque chose et chaque chose à sa place) ; un anxieux, un radin (un sou est un sou). Il jouait profil bas (le client est roi), il se faufilait partout et il était médiatique : il colportait aussi les informations et les ragots.

Dans cette vie-là…

Ses tentations : croire que ce qui marche pour les choses marche aussi pour les gens, les émotions, les sentiments, les passions. Il cherche à tout rationaliser, en étouffant désirs, sensibilité ou intuition et à expliquer d'une manière logique. Persuadé d'avoir toujours raison, il ergote, critique et casse les pieds des autres pour qu'ils se plient à l'ordre, aux règles et à ses méthodes qu'il croit bonnes. Ce qu'il doit faire : arrêter de pinailler, de se noyer dans les détails, de croire qu'il n'y a qu'une seule bonne manière de penser ou de faire. S'ouvrir à la diversité des autres, des idées, des projets, ne plus chercher à tout maîtriser, à tout contrôler. Et ne pas chercher à tout comprendre car cela exclut Dieu, l'amour, l'art, la littérature, etc., à tout rapporter à du même, du connu, mais se laisser surprendre par son imagination, ses rêves et ses fantasmes.

Sa prochaine vie

C'est une missionnaire. Il va porter la bonne parole (amour, paix et foi) dans tous les coins de la planète. Dévoué, il consacre son existence aux damnés de la terre et de la société : religieuse dans les hôpitaux, les prisons, bénévole du Samu social, inspecteur de la Croix-Rouge, de l'Unesco, de l'ONU, d'Amnesty International…

SI SON ANNIVERSAIRE TOMBE UN…

Dans certains zodiaques égyptiens, chaque jour® de l'année est associé à une image symbolique. Le sens de ces images n'est pas évident au premier abord, il ne faut pas les prendre au premier degré. Il s'agit moins d'analyser, que de s'en imprégner, d'y songer, de voir ce que l'image évoque pour soi et, en procédant par analogie, association d'idées, d'en comprendre le sens profond. Mais chacune de ces images est néanmoins associée à un trait précis de caractère.

20 FÉVRIER

Un roi couronné assis sur son trône…

Hyperémotif, il est très perméable aux ambiances, aux climats psychologiques et ses relations avec les autres sont naturellement influencées par les circonstances. Un peu inconstant, il n'en est pas moins, en profondeur, très sincère et très fidèle dans ses réelles affections.

Ils sont nés le même jour que lui : Carlos (1943), Richard Cocciante (1946), Cindy Crawford (1966), Kurt Cobain (1967), Ophélie Winter (1974), Fred Testot (1977), Rihanna (1988).

21 FÉVRIER

Un homme avec une seule tête et deux corps…

Il a en général bon caractère, il se sent toujours disponible pour prêter une oreille attentive aux problèmes ou aux difficultés des autres. Il a le chic pour prendre sur lui un peu de leur détresse. Mais il sait aussi mener son petit monde la baguette.

Ils sont nés le même jour que lui : Sacha Guitry (1895), Raymond Queneau (1903), Jeanne Calment (1875), Madeleine Renaud (1900), Nina Simone (1933), Jennifer Love Hewitt (1979), Mélanie Laurent (1983).

22 FÉVRIER

Un homme assis par terre…

Très sensible, il a souvent peur d'être influencé par ses propres sentiments, de céder à ses élans, ses pulsions. Très intuitif, il a le don pour être à la bonne place au bon moment, mais ses relations, ses activités gardent toujours un petit côté secret ; il n'aime pas dire les choses trop clairement.

Ils sont nés le même jour que lui : Jules Renard (1874), François Cavanna (1923), Linda de Suza (1948), Miou-Miou (1950), Drew Barrymore (1975).

23 FÉVRIER

Un homme en train de manger…

Des humeurs, un caractère dans l'ensemble très optimiste, mais ses relations et ses activités quotidiennes sont souvent sujettes à toutes sortes de fluctuations, de variations. Son entourage a parfois du mal à comprendre ses réelles intentions ou ses réels sentiments.

Ils sont nés le même jour que lui : Claude Sautet (1924), Jacques Séguéla (1934), Peter Fonda (1940), Philippe Chatel (1948), Helena Suková (1965), Emily Blunt (1983), Dakota Fanning (1994).

24 FÉVRIER

Une licorne accroupie dans l'herbe…

L'amour, toujours l'amour, que ne ferait-il pas en son nom ? Sans être dupe ni abdiquer sa personnalité, il est capable par amour de se laisser mener par le bout du nez. Cela lui réussit d'ailleurs assez bien ; il est souvent très entouré et très choyé.

Ils sont nés le même jour que lui : Charles Quint (1500), Emmanuelle Riva (1927), Plastic Bertrand (1954),

Alain Prost (1955), Laurent Ruquier (1963), Mayuko Iwasa (1987).

25 FÉVRIER

Deux jeunes filles qui se regardent…

Un caractère fort dynamique. Il avoue un certain mépris pour les idées trop abstraites, sans application possible. Il est très volontaire mais parfois imprévoyant. Ses plaisirs souvent le démobilisent ou retardent la réussite de ses projets.

Ils sont nés le même jour que lui: Renoir (1841), Évelyne Pagès (1942), George Harrison (1943), Herbert Léonard (1947), Téa Leoni (1966), Sandrine Kiberlain (1968), Hélène de Fougerolles (1973).

26 FÉVRIER

Un hibou perché sur des ruines…

Des relations essentiellement conditionnées par des rapports de sensibilité. Il marche d'abord à la sympathie. Ses affaires dépendent souvent de son affectivité; il réussit plus facilement quand il œuvre dans la confiance.

Ils sont nés le même jour que lui: Victor Hugo (1802), Vercors (1902), Sandie Shaw (1947), CharlÉlie Couture (1956), Virginie Lemoine (1961), Hélène Ségara (1971).

27 FÉVRIER

Un homme qui tient un encensoir…

Il a une grande force de caractère. Il s'accommode de toutes les difficultés, de toutes les situations. Un véritable tour de force car il sait aussi garder le sourire. Généralement de bonne humeur, il se montre plutôt très conciliant.

Ils sont nés le même jour que lui : John Steinbeck (1902), Joanne Woodward (1931), Elizabeth Taylor (1932), Kenzo (1939), Marie-Laure Augry (1947), Yolande Moreau (1953), Adam Baldwin (1962).

28 FÉVRIER

Un homme nu dans une cuve, une ceinture dans sa main…

Il a le sens du merveilleux. Ses initiatives ne sont peut-être pas toujours matériellement rentables, mais il sait faire régner autour de lui une ambiance chaleureuse, décontractée. Sa compagnie est généralement très recherchée.

Ils sont nés le même jour que lui : Marcel Pagnol (1895), Vincente Minnelli (1913), Brian Jones (1942), Mimsy Farmer (1945), Jeanne Mas (1957), Ali Baddou (1974), Natalia Vodianova (1982).

29 FÉVRIER

Un homme marchant sur une route, sa besace accrochée à un bâton…

Il a naturellement le sens de l'exceptionnel, du spectaculaire. Il est souvent généreux. Sa maison est une maison ouverte, accueillante. Mais il est un peu impatient aussi, il doit apprendre à compter avec le temps pour parvenir à ses fins.

Ils sont nés le même jour que lui : Rossini (1792), Michèle Morgan (1920), Gérard Darmon (1948), Cheb Khaled (1960), Antonio Sabàto Jr. (1972).

1ER MARS

Un homme qui pile du grain dans un mortier…

Il est à la fois très accrocheur dans les détails de la vie quotidienne et très insouciant, presque négligent dans les situations difficiles. Il laisse volontiers le temps arranger les choses et cela lui réussit dans l'ensemble assez bien.

Ils sont nés le même jour que lui : Frédéric Chopin (1810), Yitzhak Rabin (1922), Claude Gensac (1927), Robert Conrad (1935), Javier Bardem (1969), Ke$ha (1987), Justin Bieber (1994).

2 MARS

Un homme qui marche en s'aidant d'un bâton...

De très fortes ambitions, même si en apparence, il n'en révèle que le quart. Ses voies étant souvent impénétrables, il est parfois difficile de le suivre dans le cheminement de ses pensées ou de ses actes. Il est cependant obligé de compter avec les autres.

Ils sont nés le même jour que lui : Martine Allain-Regnault (1937), Christian Morin (1945), Isabelle Mir (1949), Alain Chamfort (1949), Jon Bon Jovi (1962), Daniel Craig (1968).

3 MARS

Un jeune homme richement vêtu, regardant derrière lui...

D'une grande prudence, il n'aime pas prendre de décision à la légère. Il a tendance à fuir systématiquement toutes les contraintes et parfois toutes les responsabilités. Il peut donner beaucoup de lui-même, mais il déteste y être obligé.

Ils sont nés le même jour que lui : Vivaldi (1678), Jean Harlow (1911), Micheline Dax (1924), Dominique Paturel (1931), Ariane Mnouchkine (1939), Arthur Zico (1953), Jessica Biel (1982).

4 MARS

Un homme et une femme qui chevauchent à pas lents…

Il a des rapports assez décousus avec les objets (il ne se souvient jamais où il les a laissés) et sa situation matérielle est parfois un peu embrouillée. Il a souvent aussi un peu trop tendance à mélanger amours et affaires.

Ils sont nés le même jour que lui : Miriam Makeba (1932), Yves Boisset (1939), Nicole Calfan (1947), Chris Rea (1951), Rose Laurens (1953), Patsy Kensit (1968).

5 MARS

Un homme qui fend du bois dans une forêt…

Il est naturellement porté à toutes sortes d'aventures intellectuelles ou physiques. Mais il contrôle la plupart du temps ses impulsions. Son imagination est très active et il s'en méfie parfois.

Ils sont nés le même jour que lui : Giambattista Tiepolo (1696), Jacques Vergès (1925), Dean Stockwell (1936), Élisabeth Badinter (1944), Lova Moor (1955), Bertrand Cantat (1964), MC Solaar (1969), Eva Mendes (1974).

6 MARS

Un homme armé d'un couteau…

Malgré une intuition très développée, il n'est parfois pas très psychologue avec son proche entourage. Ses relations

restent ainsi un peu superficielles malgré sa sincérité. Peut-être est-il un peu trop secret, pas trop sûr de lui.
Ils sont nés le même jour que lui : Michel-Ange (1475), Georges Perec (1936), Valentina Terechkova (1937), Jean-Luc Lemoine (1970), Leïla Bekhti (1984).

7 MARS

Un homme qui porte un coq…
Des comportements, des attitudes souvent imprévisibles. Même ses intimes le trouvent parfois insaisissable et ne savent pas sur quel pied danser avec lui. Ses réactions sont vives, mais peu durables.
Ils sont nés le même jour que lui : Maurice Ravel (1875), Anna Magnani (1908), Jacques Chaban-Delmas (1915), Philippe Clay (1927), Rachel Weisz (1970).

8 MARS

Un homme qui se jette à l'eau…
Des comportements plus ou moins en retrait des événements. Il va souvent au plus facile sans considérer d'éventuels problèmes futurs. Il a tendance à renoncer devant les difficultés ou à esquiver les obstacles.
Ils sont nés le même jour que lui : Denys de La Patellière (1921), Cyd Charisse (1923), Bobby Fischer (1943), Freddie Prinze Jr. (1976).

9 MARS

Deux chevaux qui se battent…

Une certaine tendance au narcissisme. Il est plus sensible aux mouvements et aux paysages de son monde intérieur qu'à ce qui se passe autour de lui. Il est cependant très disponible dès qu'il s'agit d'amour, très ouvert et chaleureux.

Ils sont nés le même jour que lui : Montaigne (1533), Jean-Jacques Debout (1941), Ornella Muti (1955), Linda Fiorentino (1958), Juliette Binoche (1964), Valérie Lemercier (1964), Youri Djorkaeff (1968).

10 MARS

Un homme qui se perce la poitrine avec un glaive…

D'un esprit idéaliste et pratique à la fois, il avoue un certain mépris pour les idées trop abstraites sans application possible. Ses initiatives sont toujours très concrètes, ses réalisations très soignées.

Ils sont nés le même jour que lui : Boris Vian (1920), Didier Barbelivien (1954), Oussama ben Laden (1957), Sharon Stone (1958), prince Edward (1964), Arthur (1966), Camille (1978).

11 MARS

Une lune flottant à travers des nuages…

D'un caractère plutôt introverti, il est assez émotif et il fait souvent tout son possible pour ne pas le montrer. Il manque parfois d'objectivité, mais cela ne fait qu'ajouter à son charme. Il a besoin d'être aimé plus pour ce qu'il est que pour ce qu'il paraît.

Ils sont nés le même jour que lui : Raoul Walsh (1887), Sacha Pitoëff (1920), Roger Coggio (1934), Katia Labèque (1950), Dominique Sanda (1951), Nina Hagen (1955), Thora Birch (1982).

12 MARS

Deux hommes qui se poignardent l'un l'autre…

Une personnalité un peu visionnaire. Il est particulièrement réceptif aux ambiances et perméable aux climats psychologiques. Dépendant terriblement des événements, des situations, il a souvent du mal à prendre ses distances, du recul.

Ils sont nés le même jour que lui : Louison Bobet (1925), Liza Minnelli (1946), James Taylor (1948), Patrick Battiston (1957), Pete Doherty (1979).

13 MARS

Une belle femme avec des vêtements déchirés…

Des intuitions souvent percutantes. Ses pressentiments se vérifient très souvent dans les faits. Il a beaucoup de talent pour démêler la faux du vrai, pour faire à la fois la part du rêve et celle du feu. Ses relations sont naturellement très équilibrées.

Ils sont nés le même jour que lui : Ève Ruggiéri (1939), William H. Macy (1950), Deborah Raffin (1953), Jean-Yves Lafesse (1957), Adam Clayton (1960), Thomas Enqvist (1974), Akira Fubuki (1978).

14 MARS

Une femme assise dans une barque sans rame…

Il est extrêmement romantique. Ses attitudes sentimentales sont parfois très capricieuses. De fait, il se retrouve souvent dans d'invraisemblables aventures, en proie à d'irrésistibles passions.

Ils sont nés le même jour que lui : Albert Einstein (1879), Michael Caine (1933), Bertrand Blier (1939), Rita Tushingham (1940), Albert de Monaco (1958), Mónica Cruz (1977), Nicolas Anelka (1979).

15 MARS

Un homme et une femme allongés sur un lit…

Une personnalité réservée, émotive, un peu timide, il se replie facilement sur lui-même au moindre reproche ou à ce qui pourrait y ressembler. Très économe de ses forces, il peut pourtant être très opiniâtre quand il le veut.

Ils sont nés le même jour que lui : Christian Marquand (1927), Jacques Doillon (1944), Terence Trent D'Arby (1962), Sabrina (1968), Eva Longoria (1975).

16 MARS

Un homme qui lance une pierre avec une fronde…

Une personnalité impressionnable. Son imagination l'effraie parfois. Il a de très fortes facultés d'empathie. Il se laisse facilement envahir par les émotions des autres, leurs problèmes ou leurs angoisses et il a parfois du mal à s'y retrouver.

Ils sont nés le même jour que lui : Jerry Lewis (1926), Bernado Bertolucci (1940), Guesch Patti (1946), Isabelle Huppert (1955), Cristiana Reali (1965).

17 MARS

Une femme tranchant la tête d'un guerrier…

Un don d'observation remarquable. Il est très sensible à l'harmonie des formes et des couleurs. Il accorde

beaucoup d'importance aux apparences. Ses premières impressions sont souvent très justifiées.
Ils sont nés le même jour que lui : Rudolf Noureev (1938), Sydne Rome (1946), Daniel Lavoie (1949), Kurt Russell (1951), Lesley-Anne Down (1954), José Garcia (1966), Alexandre Arcady (1947).

18 MARS

Un homme nu qui frappe à une porte…
Une conscience très aiguë de son intégrité et de son bien-être personnel. Il a d'ailleurs tendance à disparaître dès qu'il se sent mal à l'aise ou pas au mieux de sa forme. Ses relations en deviennent forcément parfois un petit peu inconstantes.
Ils sont nés le même jour que lui : René Clément (1913), Arlette Laguiller (1940), Patrick Chesnais (1946), Luc Besson (1959), Irene Cara (1959), Queen Latifah (1970), Lætícia Hallyday (1975).

19 MARS

Un homme à cheval qui porte dans une main un oiseau, dans l'autre un serpent…
Il connaît assez mal ses réelles possibilités. Ses réactions sont en général très impulsives. Il a de bons réflexes, mais ses initiatives manquent souvent de suivi. Il commet par-

fois toutes sortes d'erreurs sans jamais le faire exprès. Il est heureusement toujours capable de rectifier le tir.
Ils sont nés le même jour que lui : Frédéric Joliot-Curie (1900), Alex Métayer (1930), Ursula Andress (1936), Glenn Close (1947), Bruce Willis (1955), Shirel (1978).

20 MARS

Un grand poisson échoué sur une grève…
Ses réactions sont très vives et souvent excessives en regard de ce qui les a provoquées. Heureusement, elles ont souvent peu de conséquences. Sa patience étant vite mise l'épreuve, il donne l'impression de vivre sur des charbons ardents.
Ils sont nés le même jour que lui : Andrée Chedid (1920), Danièle Gilbert (1943), William Hurt (1950), Élisabeth Bourgine (1957), Holly Hunter (1958), Jane March (1973), Harry Roselmack (1973), Faustine Bollaert (1979).

LE PLUS DE SON ASCENDANT

Le signe anniversaire, c'est la représentation qu'on se fait du monde, une façon de voir. Le signe ascendant®, c'est en revanche le monde tel qu'on l'éprouve, une façon de ressentir. Chaque ascendant nuance le Poissons d'une manière particulière…

POISSONS ASCENDANT BÉLIER

Une personnalité très changeante, instable, mais aussi un peu irréfléchie. Brouillé avec les pendules, il est plus à l'aise dans l'instant que dans la durée. Bénéfice : il vit à fond, ses émotions sont intenses. Inconvénient : parfois, il ne voit pas plus loin que le bout de son nez. Et il lui arrive parfois, après une déconvenue, un échec, de traverser de longues phases dépressives.

POISSONS ASCENDANT TAUREAU

Un surcroît de stabilité. Il est souvent tiraillé entre ses convictions et ses doutes. Au fond de lui, il sait intuitivement ce qu'il veut, mais il réfléchit souvent trop, rumine, hésite, entreprend quelque chose, mais change d'avis, de cap. Du coup, il rate le coche ou alors il fait beaucoup d'efforts, mais tourne en rond.

POISSONS ASCENDANT GÉMEAUX

Un caractère très mobile. Versatile, instable, changeant, il s'adapte sans difficulté. Il fonctionne avec peu de points fixes ; son univers quotidien n'est pas très balisé. Ses idées, ses sentiments font la part de la chance, du hasard, de la créativité. Il marche au feeling, à l'opportunité. Il raisonne un peu, improvise beaucoup. Il peut être surpris, tomber des nues, mais il est rarement pris au dépourvu.

POISSONS ASCENDANT CANCER

Une sensibilité très réactive. À fleur de peau, perméable aux ambiances, aux climats affectifs, il dépend psychologiquement de son environnement, plus encore de son entourage. Un rien peut stimuler son imagination, son ingéniosité. Un autre peut le démotiver. Il a tendance à fuir, à se recroqueviller dans l'inactivité en cas de conflit ou de difficulté.

POISSONS ASCENDANT LION

Beaucoup d'excès et de démesure. Il peut être à la fois terriblement orgueilleux et, en même temps pas fier pour un sou, très égocentrique et, en même temps, avoir le cœur sur la main. Que ce soit avec lui-même ou avec les autres, il a du mal à trouver un juste milieu : il est souvent excessif dans ses pensées, ses comportements, ses réactions…

POISSONS ASCENDANT VIERGE

Une personnalité hyperémotive. Il perçoit plutôt bien les choses, mais il a souvent du mal à les exprimer, les expliquer. Il tourne si longtemps autour du pot avant d'en venir au fait que souvent on ne l'écoute pas, on ne l'écoute plus. Peu à l'aise en société, un peu plus courageux dans l'intimité, il aime trop sa tranquillité pour tenter vraiment de s'affirmer.

POISSONS ASCENDANT BALANCE

Une nature assez dépendante. Comme il veut être apprécié, aimé à tout prix, il est prêt à toutes les concessions pour être agréable, à tous les compromis pour désamorcer les conflits. Résultat, il se retrouve parfois dans des situations qui ne sont pas bonnes pour lui et il a souvent du mal à en sortir.

POISSONS ASCENDANT SCORPION

Un surcroît de lucidité. Au fond, il a plutôt de bons sentiments, mais l'expérience lui a montré que la réalité est un peu moins rose. Aujourd'hui, il a du mal à faire complètement confiance et il est en permanence un peu inquiet. Du coup, il est rarement tout à fait spontané, il a souvent tendance à manipuler un peu pour se protéger.

POISSONS ASCENDANT SAGITTAIRE

Quelqu'un de très croyant (pas nécessairement au sens religieux). Il fonctionne d'abord à la passion, à l'enthousiasme, mais sa foi parfois l'aveugle : il manque d'objectivité, il se trompe sur les autres ou sur lui-même. Résultat, il est souvent déçu car les choses se passent rarement comme il l'a espéré.

POISSONS ASCENDANT CAPRICORNE

Un caractère beaucoup plus affirmé. Mais il reste timide sous des apparences parfois un peu brusques et l'on se trompe souvent sur son compte ou ses sentiments. À la fois amoureux de sa solitude et désireux de se faire aimer, il met du temps avant de se sentir vraiment à l'aise dans une relation.

POISSONS ASCENDANT VERSEAU

Une personnalité extrêmement tolérante et, en même temps, peu expansive. Pour le moins original, souvent imprévisible, parfois déroutant, il n'est pas facile à décoder. Car, avec lui, l'essentiel ne passe pas par les mots. Très discret, il est souvent à contretemps dans le courant ou à contre-courant dans le temps.

POISSONS ASCENDANT POISSONS

Encore plus perméable aux autres. Il a tendance à tout absorber comme une éponge. Osmose ou mimétisme, il reprend facilement à son compte les sentiments, les idées de ses partenaires ou de ses proches. Au point d'aller bien quand ils vont bien et mal quand ils vont mal ; cela le rend souvent vulnérable, fragile.

LE JOURNAL DE SON CORPS

SA MORPHOLOGIE

Corps bien en chair, formes rondes (plus opulentes au-dessous de la taille qu'au-dessus), peu musclés, toniques. Ossature moyenne, membres ronds (un peu empâtés) mais déliés. Posture, attitudes et mouvements relâchés. Prédominance du système digestif, lymphatique : faible activité motrice, indolence sinon stress. Caractère : cyclothyme (changements périodiques d'humeurs et de sentiments).

SON ALIMENTATION

Trop de matières grasses pures (beurre, crème fraîche, chips…), de laitages (lait entier, fromages gras…), de féculents (patates) et de sucres rapides (sodas, gâteaux, bonbons…) et pas assez de protéines (viande, poisson…) et de végétaux (légumes, fruits, céréales).

SA LIGNE

À entretenir en se bougeant un peu plus. Vivre debout (60 cal par heure) plutôt qu'assis (seulement 35 cal), se dépenser physiquement (au moins 1 heure de marche, de roller, de vélo ou de natation quotidienne). Et en calmant son émotivité (cures régulières de calcium et de magnésium).

SES RISQUES KILOS

Aggravés en cas de manque d'exercice, de trop grande émotivité ou de rétention d'eau dans les tissus (une tendance du signe, particulièrement chez les femmes en période de règles). Zones à risque : partout (empâtement du visage, du cou, des hanches, des bras, des jambes, des fesses…), mais plus encore au milieu du corps (ventre, taille).

COMMENT LE METTRE AU RÉGIME ?

Démarrer la journée par un petit-déjeuner hyperprotéiné (fromage, œuf, jambon…), salé (pas de jus de fruit, de sucre dans le café). Supprimer totalement les sucres rapides (sodas, alcool, bonbons, gâteaux, confiture…) et les graisses saturées (viandes, fromages gras) après 17 h et privilégier dans son alimentation les légumes (salade verte, céleri, radis, concombre, courgette, endive, épinard) et les fruits (pomme, agrumes, kiwi, fruits rouges) peu sucrés.

SA POTION MAGIQUE

Le fraisier pour ses vertus dépuratives (nettoie le sang, élimine les toxines, antiasthénique (tonifie l'organisme) et surtout astringente et diurétique (évacue l'eau des cellules, resserre les tissus).

SES BOBOS

De A à Z, tous les principaux bobos du signe et les bons réflexes forme pour lui.

Alcoolisme mondain

Trop timide, le Poissons a tendance à picoler pour se donner du courage en société. D'où kilos en trop, fatigue, déprimes, quatre fois plus de risque d'accidents dus à l'alcool que chez les autres signes, et cirrhose (il est dans le peloton de tête pour la mortalité avec le Bélier et la Vierge)[4].

Les bons réflexes:

---

4 Statistiques IMWA/Université de Munich dans Gunter Sachs, *Le Dossier astrologie. La preuve scientifique qu'il existe un lien mesurable entre les signes du zodiaque et le comportement humain*, Michel Lafon, 2000.

- Tenir les comptes de sa consommation sur une semaine (sans tricher) et en parler à son médecin si on dépasse la norme. Une femme ne doit pas dépasser 2 unités d'alcool par jour et un homme 3 unités (une unité = un demi de bière, un ballon de vin, une coupe de champagne, un verre de pastis). Un homme comme une femme ne doit pas dépasser 4 unités d'alcool en une seule occasion, soit maximum 14 unités d'alcool par semaine (avec au moins une journée sans aucune boisson alcoolisée) ;
- Préférer le champagne (80 cal la coupe) au whisky coca (451 cal) et jamais plus de deux verres : ça suffit largement pour se décoincer en société.

CARIES

Trop de stress, de fast-foods (nourriture pauvre), de sédentarité (fuite calcique), de transpiration, de laitages à 0 % de matière grasse (régimes amaigrissants), le Poissons est souvent carencé en calcium. D'où excitabilité neuromusculaire (palpitations, tétanie) et caries à évolution rapide, particulièrement au moment de l'adolescence, aggravées par une consommation régulière de pétards et de sucreries associées.

Les bons réflexes :

- Boire tous les jours 1,5 l ou 2 d'Hépar (581 mg/l) ou de Contrex (451 mg/l) pour couvrir ses besoins quotidiens (900 mg/jour);
- Se brosser les dents systématiquement après avoir mangé sucré (même un seul carré de chocolat);
- S'astreindre à deux visites de contrôle annuelles chez le dentiste.

Drogues douces

Mystique de nature, en quête de spiritualité, d'expériences ésotériques, le Poissons se trompe souvent de paradis. Grand fumeur de pétards, il devient carrément léthargique (le hash multiplie par cent le taux de mélatonine, l'hormone du sommeil, dans le sang).

Les bons réflexes:

- S'inscrire dans une chorale. De récentes études montrent que chanter induit des modifications dans l'oreille interne qui entraînent des états comparables à ceux des drogues douces, avec les inconvénients en moins.

Mollesse

D'un naturel indolent, le Poissons s'empiffre souvent de sucreries pour se remonter le moral. Une mauvaise habitude qui inhibe la dopamine, l'hormone « punchie »

produite par le cerveau, et favorise la molassonnerie. D'où surpoids, fatigue chronique, difficultés d'attention et de concentration, aggravés parfois par une carence en fer.
Les bons réflexes

- Supprimer les sodas et autres sucres rapides (confiture, gâteaux, bonbons, fruits...) afin de stimuler la dopamine;
- Remplacer le thé ou le café du matin qui « bouffe » le fer par une tasse de cacao (12 mg/100 g). Les besoins en fer d'une ado étant de 15 mg/jour et de 20 à 30 mg en cas de règles abondantes;
- Prendre du ginseng. Calmant et stimulant à la fois, il normalise le taux de sucre dans le sang et accroît les défenses immunitaires.

Pieds sensibles

Le dernier signe du zodiaque a souvent des problèmes de pieds. Petites mauvaises odeurs, gonflements, mycose, cors... tout y passe.
Les bons réflexes:

- Se sécher soigneusement entre les orteils après le bain et la douche;
- Porter des tongs à la plage ou à la piscine;
- Proscrire les collants et chaussettes synthétiques qui produisent un effet de macération;

- Se masser régulièrement les pieds pour activer la circulation sanguine;
- Prendre des bains de pieds chauds au gros sel pour ses vertus antiseptiques et astringentes, et diminuer la sensation de lourdeur.

Poteaux

Plus rond au-dessous de la taille qu'au-dessus, peu musclé naturellement, le Poissons a tendance à s'empâter rapidement du bas quand il mange trop sucré et qu'il ne fait pas de sport du tout.

Les bons réflexes:

- Le plein de légumes (salade verte, céleris, radis, concombre, courgette, endive, épinards) et de fruits (pomme, agrumes, kiwi, fruits rouges) peu sucrés pour avoir un sentiment de satiété.
- Un sport qui fait travailler les membres inférieurs: natation, marche, vélo, roller, à raison d'1 heure minimum quotidienne.

Rétention d'eau

Vraie éponge, le Poissons a tendance à accumuler l'eau dans ses tissus, particulièrement les femmes au moment des règles.

Les bons réflexes:

- Boire des tisanes de fraisier. Les feuilles et les racines sont décongestionnantes et diurétiques. En plus c'est bon pour les rhumatismes (voir « Potion magique »).

Transpiration

Hyperémotif, le Poissons pique facilement des suées quand il est pressé (par le temps, les autres), particulièrement par climat chaud et avant les règles. D'où odeurs douteuses et gêne sociale entraînant une nouvelle poussée de sudation. Ainsi qu'une perte de calcium (qui peut aller jusqu'à 300-400 mg/jour).

Les bons réflexes :

- Prendre tous les soirs un bain de fleurs d'aubépine (astringente), de valériane (un des meilleurs calmants dans les cas de nervosité, d'anxiété ou de bouffées de chaleur) et de tilleul (action sédative) ;
- Utiliser un déodorant vraiment fiable et l'appliquer sur des aisselles parfaitement séchées.

Verrues

Grand introverti, anxieux, le Poissons fait souvent des verrues (pas seulement plantaires, aussi sur les mains, les doigts…) quand il est soumis à trop fortes tensions psychologiques.

Les bons réflexes :

- En prévention : une cure de Thuya 5CH (homéopathie), 2 granules 3 fois par jour pendant un mois chaque année. C'est l'antiverrues par excellence.
- En cas d'éruption : appliquer dès le tout début de la teinture de thuya (en pharmacie).

SON MODE D'EMPLOI

On a tous une tête, mais on ne s'en sert pas tous de la même manière. De là, des manières de penser, de communiquer et d'agir différentes.

SA FAÇON DE PENSER

Il voit d'abord le facteur humain. Beaucoup d'empathie, il est toujours très attentif aux problèmes des autres. Il ressent leurs émotions et leurs sentiments, il comprend intuitivement leurs réactions. Il aime parler (c'est un grand bavard), mais en même temps il perçoit bien les signes non verbaux. Il a besoin de contacts, d'intimité. Il a souvent de forts sentiments d'appartenance de groupe (fondés sur une sensibilité ou des valeurs communes). Il a un sens aigu de la solidarité, il fait souvent partie par exemple d'une association ou milite parfois pour une cause. Fondamentalement, c'est un idéaliste.

COMMENT LUI PARLER?

Établir d'abord un contact personnel et chaleureux (en rajouter dans les salamalecs). Pour lui, ce qui prime, c'est la relation, le besoin d'harmonie.

Être toujours très attentif à son comportement non verbal (au sien également). Il est beaucoup plus sensible à la façon dont les choses sont dites qu'à ce qui est dit.

Lui présenter les faits, les problèmes en insistant sur le facteur humain. Chercher les points d'accord et lui proposer des solutions consensuelles.

Quand on lui demande de prendre une décision, de trancher, souligner les valeurs qui sont en jeu, les éventuelles réactions des personnes concernées.

En cas de critique (justifiée), prendre des gants (des moufles même). En l'attaquant de manière trop directe, on risque de provoquer une réaction de blocage ou de rejet, car il s'estime remis en cause personnellement.

SES ATOUTS DANS LA VIE

Il est capable de convivialité. Il se montre la plupart du temps sympathique, chaleureux, enthousiaste.

Il sait travailler en équipe (aider, motiver, stimuler les autres). Il est généralement de bon conseil ; il sait arbitrer, gérer les conflits. Il est très doué pour mener des négociations.
Il résiste plutôt bien à l'échec et au stress. Il est capable de faire face à l'imprévu et de s'adapter aux changements.
Il a parfois du mal à concevoir des stratégies, des projets à long terme.

SES FILIÈRES D'EXCELLENCE

Les ressources humaines, la formation, le tourisme, la décoration, la littérature (romans), l'environnement (paysagiste), le social, l'enseignement (école, collège), la communication, les relations publiques, la justice (avocat)…

SES HOBBIES

La création littéraire, la lecture, les collections, la couture, le tricot, les voyages, les activités religieuses, la gastronomie, les discussions avec des amis, le chant choral, les jeux avec des enfants, la musique (écouter), la solidarité (aider les autres).

SA VIE SOCIALE

SES RAPPORTS AVEC LES AUTRES

Le Poissons et les autres, c'est naturellement un ensemble flou. Une relation Poissons, ça commence dans la brume, ça se poursuit dans l'écume et ça finit dans le vague.

Chaque Poissons a son système défensif et c'est bien là le problème : il est absolument impossible de prévoir ses réactions. En chaque Poissons, il y a une anguille insaisissable qui sommeille, une étoile… filante.

Dans le temps, le poisson était honoré pour son extrême fécondité et la grande variété de ses individus. Il y a donc aujourd'hui toutes sortes de Poissons. Le Poissons-chat dans sa grande sagesse dort beaucoup ou lisse ses barbes en méditant sur le monde. Le Poissons-lune est très imaginatif et rêve les yeux ouverts. Le Poissons-pilote est très dévoué. Il n'y a pas plus habile que lui pour se faufiler parmi les écueils et vous mener à bon port. Le Poissons-scie peut vous couper le souffle. Le Poissons-épée prendra toujours votre défense. Le Poissons-volant est capable de bondir hors de son élément ; il s'adapte à toutes les situations, il est un peu opportuniste. Et puis, le Poissons-

rouge, un poisson très domestique, qui suit les courants et s'étonne de se retrouver dans un bocal.
Vivre avec lui n'en reste pas moins, parfois, un peu problématique. Par manque d'assiduité, de régularité et de suivi parfois, mais surtout parce que ses méthodes sont déroutantes. Il semble désordonné, brouillon, conduire sa vie sans plan vraiment logique. Laissez-lui carte blanche. Il est nettement plus efficace quand il peut mener ses affaires à son gré. Lui-même abandonne les autres à leurs problèmes, à leurs responsabilités et s'accommode aussi bien des circonstances que des événements.

SES DÉRAPAGES

Sous la tutelle (un peu brouillonne) de Neptune (intuition, foi, réceptivité), le Poissons a une tendance à la passivité (il est plus souvent victime que bourreau), à l'hyperémotivité (agressivité envahissante de type maso), au refus de la violence (soumission ou fuite).

SES PULSIONS AGRESSIVES

Faibles et plutôt refoulées (noyées dans la masse de ses émotions). D'un tempérament très introverti, pas très courageux, un peu paresseux, il n'est pas de ceux qui jettent de l'huile sur le feu. Son credo: ne pas faire de vague, il a tendance (au moins dans ses trente premières années de vie) à étouffer son agressivité et à taire sa colère pour assurer sa tranquillité.

Comment il s'en défend

En somatisant. Démuni (pour comprendre, exprimer...) face à l'agressivité des autres et à sa propre agressivité, il réagit toujours physiquement en cas de tension et de conflit. Il encaisse (plutôt mal), il est paralysé (trop émotif pour que ça sorte) et, plus tard, il a mal à la tête ou au ventre.

Ce qui le déclenche

Parfois cela n'arrive jamais. Auquel cas, il passe sa vie à jouer les soumis, à avaler beaucoup (humiliations, frustrations, etc.) sans broncher. Mais parfois il se réveille (vers trente ans). Dans ce cas, s'il se sent rejeté (affectivement, sexuellement), il n'hésite plus à manifester sa déception et son mécontentement. Idem dans sa vie socioprofessionnelle où il découvre (progressivement) les vertus du « moi d'abord » et de l'affirmation agressive de soi.

Ses risques

Se laisser entraîner dans des expériences amoureuses et professionnelles dévalorisantes et non profitables, aller de déception en déception, d'échec en échec et s'enfoncer de plus en plus (avec des partenaires amoureux ou des jobs dévalorisants) parce qu'il ne réclame pas haut et fort le respect qui lui est dû. En prime, souffrir dans son corps d'une manière chronique.

Comment il doit gérer ?

D'abord en coupant le cordon avec sa mère. L'agressivité qu'il refoule, c'est souvent celle qu'il éprouve (inconsciemment) contre sa mère. Rompre la relation symbiotique qu'il a avec elle, cela lui permet de « sortir » son agressivité dans le monde des adultes et de l'utiliser d'une manière positive. À éviter : l'improvisation. Comme il n'a pas l'habitude de se montrer agressif, il doit d'abord répéter (en fronçant les sourcils, en parlant fort, en serrant les poings) avant de le faire en vrai.

L'INFLUENCE DE SON SIGNE CHINOIS

La personnalité Poissons est nuancée selon son année de naissance. Les Chinois distinguent douze signes suivant les années : Rat (*Zi*), Bœuf (*Chou*), Tigre (*Yin*), Lièvre (*Mao*), Dragon (*Chen*), Serpent (*Si*), Cheval (*Wu*), Chèvre

(*Wei*), Singe (*Shen*), Coq (*You*), Chien (*Xu*), Cochon (*Hai*). Mais chaque signe est aussi associé à un élément (Feu®, Terre®, Métal, Eau, Bois) qui lui donne des caractéristiques particulières.

COMMENT TROUVER SON SIGNE CHINOIS?

L'année chinoise est une année luni-solaire, elle commence et se termine toujours à des dates différentes.

ANNÉE	NOUVEL AN	ANIMAL	ÉLÉMENT
1940	8 février	Dragon	Métal
1941	27 janvier	Serpent	Métal
1942	15 février	Cheval	Eau
1943	5 février	Chèvre	Eau
1944	25 janvier	Singe	Bois
1945	13 février	Coq	Bois
1946	2 février	Chien	Feu
1947	22 janvier	Cochon	Feu
1948	10 février	Rat	Terre
1949	29 janvier	Buffle	Terre
1950	17 février	Tigre	Métal
1951	6 février	Lièvre	Métal
1952	27 janvier	Dragon	Eau
1953	14 février	Serpent	Eau
1954	3 février	Cheval	Bois
1955	24 janvier	Chèvre	Bois
1956	12 février	Singe	Feu

ANNÉE	NOUVEL AN	ANIMAL	ÉLÉMENT
1957	31 janvier	Coq	Feu
1958	18 février	Chien	Terre
1959	8 février	Cochon	Terre
1960	28 janvier	Rat	Métal
1961	15 février	Buffle	Métal
1962	5 février	Tigre	Eau
1963	25 janvier	Lièvre	Eau
1964	13 février	Dragon	Bois
1965	2 février	Serpent	Bois
1966	21 janvier	Cheval	Feu
1967	9 février	Chèvre	Feu
1968	30 janvier	Singe	Terre
1969	17 février	Coq	Terre
1970	6 février	Chien	Métal
1971	27 janvier	Cochon	Métal
1972	15 février	Rat	Eau
1973	3 février	Buffle	Eau
1974	23 janvier	Tigre	Bois
1975	11 février	Lièvre	Bois
1976	31 janvier	Dragon	Feu
1977	18 février	Serpent	Feu
1978	7 février	Cheval	Terre
1979	28 janvier	Chèvre	Terre
1980	16 février	Singe	Métal
1981	5 février	Coq	Métal
1982	25 janvier	Chien	Eau

ANNÉE	NOUVEL AN	ANIMAL	ÉLÉMENT
1983	13 février	Cochon	Eau
1984	2 février	Rat	Bois
1985	20 février	Buffle	Bois
1986	9 février	Tigre	Feu
1987	29 janvier	Lièvre	Feu
1988	17 février	Dragon	Terre
1989	6 février	Serpent	Terre
1990	27 janvier	Cheval	Métal
1991	15 février	Chèvre	Métal
1992	4 février	Singe	Eau
1993	23 janvier	Coq	Eau
1994	10 février	Chien	Bois
1995	31 janvier	Cochon	Bois
1996	19 février	Rat	Feu
1997	7 février	Buffle	Feu
1998	28 janvier	Tigre	Terre
1999	16 février	Lièvre	Terre
2000	5 février	Dragon	Métal
2001	11 février	Serpent	Métal
2002	12 février	Cheval	Eau
2003	1er février	Chèvre	Eau
2004	22 janvier	Singe	Bois
2005	9 février	Coq	Bois
2006	29 janvier	Chien	Feu
2007	18 février	Cochon	Feu
2008	7 février	Rat	Terre

ANNÉE	NOUVEL AN	ANIMAL	ÉLÉMENT
2009	26 janvier	Buffle	Terre
2010	14 février	Tigre	Métal
2011	3 février	Lièvre	Métal
2012	23 janvier	Dragon	Eau
2013	10 février	Serpent	Eau
2014	31 janvier	Cheval	Bois
2015	19 février	Chèvre	Bois
2016	8 février	Singe	Feu
2017	28 janvier	Coq	Feu
2018	16 février	Chien	Terre
2019	5 février	Cochon	Terre
2020	25 janvier	Rat	Métal
2021	12 février	Buffle	Métal
2022	1er février	Tigre	Eau
2023	22 janvier	Lièvre	Eau
2024	10 février	Dragon	Bois
2025	29 janvier	Serpent	Bois
2026	17 février	Cheval	Feu
2027	6 février	Chèvre	Feu
2028	26 janvier	Singe	Terre
2029	13 février	Coq	Terre
2030	3 février	Chien	Métal

SES MOTS PLUS, SES MOTS MOINS, SES AFFINITÉS AVEC LES AUTRES SIGNES CHINOIS

POISSONS/RAT

Ses mots + : charme, introversion (calme, réfléchi, discret), vivacité d'esprit, sens critique, minutie, pondération (de bon conseil), dévouement (en amour).
Ses mots - : extrême agressivité, dissimulation (renfermé, manipulateur), froideur (insensible, brutal), paresse, cupidité (intéressé, profiteur, mesquin).
Ses affinités® avec les autres signes : il craque pour le Dragon (son amant idéal), le Singe (mais il risque d'aimer plus qu'il n'est aimé), le Bœuf (son meilleur soutien). Prudence avec le Chien (beaucoup trop dépendant pour quelqu'un comme lui) et le Cochon (qui pourrait lui briser le cœur). À éviter : le Cheval (qui le déteste) et le Lièvre (beaucoup trop casanier pour lui).

POISSONS/BUFFLE

Ses mots + : équilibre, ténacité (patient, persévérant), énergie (extrêmement actif, diligent), indépendance (autonome, appréciant la solitude), sincérité (chaleureux), fidélité (en amitié).

Ses mots -: psychorigidité (obstiné, entêté, mauvais perdant), suffisance (vaniteux, très sensible à la flatterie, ne supportant pas l'échec), intolérance (rancunier, tatillon en amour).
Ses affinités avec les autres signes: un bonheur parfait avec le Coq (son partenaire idéal), le Serpent (très bonne entente amoureuse) ou le Rat (s'il est vraiment amoureux). Prudence avec la Chèvre (très capricieuse, elle risque de le lâcher) ou le Tigre (très instable, il pourrait le décevoir). À éviter: le Singe (très séduisant, mais trop peu loyal à son goût), le Cheval (beaucoup trop égoïste pour lui).

Poissons/Tigre

Ses mots +: courage (plein d'assurance, aimant se mettre en avant), indépendance (meneur d'homme), ouverture (intelligent, large d'esprit, tolérant), générosité (surtout en amour).
Ses mots -: individualisme (indiscipliné, rebelle), mauvais caractère (intransigeant, querelleur), irréflexion (imprudent, tête brûlée), mauvaise foi (hypocrite, menteur).
Ses affinités avec les autres signes: les plus bénéfiques pour lui: le Cheval (son partenaire idéal) ou le Chien (son plus dévoué), voire le Dragon (mais liaison souvent orageuse). Prudence avec le Singe (trop malin pour lui, risque d'infidélité) et le Lièvre (bien trop timoré à son goût). À

éviter: le Serpent (conflits d'amour-propre) et le Buffle (trop étouffant pour lui).

POISSONS/LIÈVRE

Ses mots +: douceur (vertueux, discret, prudent), sensibilité (intuitif, créatif, plein de tact), sociabilité (charmeur, affable).

Ses mots -: égoïsme (peu fidèle, pas très famille), ostentation (mondain, pédant, dépensier), faiblesse (hésitant, frileux).

Ses affinités avec les autres signes: bonheur complet avec la Chèvre (son partenaire idéal), le Chien (une âme tendre comme lui) ou le Cochon (très bonne influence sur son moral). Prudence avec le Coq (trop inconstant pour lui) ou le Rat (particulièrement insatisfait). À éviter: le Dragon (trop dominateur, tyrannique pour lui) et le Tigre (le rend chèvre).

POISSONS/DRAGON

Ses mots +: vitalité (décidé, battant, enthousiaste), réussite (chanceux), intelligence (lucide, très doué, perspicace), spontanéité (franc, généreux).

Ses mots -: égotisme (exigeant, insatisfait, manquant de tact), impulsivité (trop pressé, irritable, brusque), orgueil (trop carré, catégorique, intolérant).

Ses affinités avec les autres signes : le tiercé gagnant : le Rat (son plus grand fan), le Singe (un amant, mais aussi un ami) ou le Coq (il reste leader dans son couple). Prudence, en revanche, avec le Serpent (très attirant, mais pas nécessairement fiable). À éviter : le Chien (sape sa confiance en lui-même), le Tigre (lui fait faire des bêtises) et le Lièvre (n'assure pas assez pour lui).

Poissons/Serpent

Ses mots + : sagesse (intelligent, très moral), raison (lucide, très réfléchi), pragmatisme (organisé, efficace), simplicité (pas snob, bien élevé, ayant un très bon goût).
Ses mots - : pensée unique (incapable d'écouter, intolérant, têtu), paranoïa (hyper susceptible, possessif, jaloux), agressivité (hypercritique, vindicatif).
Ses affinités avec les autres signes : idéal : le Coq (très mouvementé, mais il le rend heureux) ou le Buffle (plus calme, il l'équilibre). Prudence, en revanche, avec le Dragon (fascinant, mais risqué). À éviter : le Tigre (relations très passionnées, mais très orageuses), le Cochon (trop de complications) ou un autre Serpent (insupportable).

POISSONS/CHEVAL

Ses mots + : séduction (charmeur, élégant, romantique), dynamisme (enthousiaste, passionné), mobilité (aimant les voyages, les changements, les mondanités).
Ses mots - : instabilité (impatient, soupe au lait), superficialité (trop bavard, vantard, versatile), égoïsme (opportuniste, intéressé).
Ses affinités avec les autres signes : ses deux partenaires de prédilection : la Chèvre (plus amusant) et le Tigre (plus excitant). Risque de chamailleries avec le Chien (mais bon compagnon en général). Prudence avec le Coq (de bonnes mais aussi de mauvaises surprises). À éviter : le Rat (attirance mutuelle, mais de nombreux conflits), le Singe (trop rusé et tortueux pour lui), le Buffle (trop dominateur et possessif) ou un autre Cheval (nombreuses ruades).

POISSONS/CHÈVRE

Ses mots + : art (beaucoup de goût, de sens artistique), convivialité (doux, aimable, réceptif, intuitif), harmonie (nuancé, conciliant).
Ses mots - : perfectionnisme (maniaque, insatisfait), immaturité (dépendant, capricieux, irresponsable).
Ses affinités avec les autres signes : le partenaire idéal : le Cochon (très attentionné et protecteur) ou le Cheval (son meilleur soutien). Plus incertain : le Lièvre, même si cela

peut faire de belles histoires d'amour. Prudence avec le Rat (trop manipulateur pour lui) et le Singe (risques d'infidélités). À éviter: le Buffle (ne supporte pas ses caprices) et le Chien (très insécurisé par ses comportements).

POISSONS/SINGE

Ses mots +: fantaisie (spirituel, inventif, habile), intelligence (lucide, subtil, tacticien), vivacité (indépendant, actif, passionné).
Ses mots -: inconstance (remuant, infidèle), opportunisme (rusé, menteur, malhonnête), vanité (frimeur, mythomane).
Ses affinités avec les autres signes: prudence avec le Buffle (très possessif) et le Serpent (très soupçonneux), cela finit souvent mal. Plus de satisfaction, en revanche, avec le Dragon (le seul avec qui il peut durablement s'entendre) ou le Rat (c'est avec lui qu'il s'amuse le plus). À éviter: le Tigre (rapports très passionnés, mais également très conflictuels) et le Cheval (beaucoup trop de problèmes avec sa jalousie).

POISSONS/COQ

Ses mots +: franchise (sincère, honnête), intelligence (vif d'esprit, curieux, d'une excellente mémoire), sociabilité (enjoué, amusant, brillant, attirant).

Ses mots -: paraître (vaniteux, commère, dépensier), instabilité (d'humeur changeante, versatile), inquiétude (hésitant, indécis, méfiant).

Ses affinités avec les autres signes: les plus bénéfiques pour lui: le Buffle (très stabilisant pour lui), le Serpent (plus stimulant) et, surtout, un Dragon (son partenaire idéal). Prudence, en revanche, avec le Rat (trop de frustrations de part et d'autre). À éviter: le Lièvre (vous n'avez rien en commun), le Chien (trop de divergences) ou un autre Coq (cohabitation très difficile).

Poissons/Chien

Ses mots +: loyauté (très honnête, fidèle), convivialité (chaleureux, désintéressé, dévoué), dynamisme (battant, ambitieux, rapide).

Ses mots -: pessimisme (inquiet, timoré, angoissé), instabilité (changeant, versatile, frivole), narcissisme (intéressé, profiteur).

Ses affinités avec les autres signes: les bons signes pour lui: le Tigre (son compagnon idéal pour une vie au long cours) ou le Lièvre (son amant idéal). Bonheur assuré également avec le Cheval (très sécurisant pour lui). À éviter: le Dragon (ils ne viennent pas de la même planète), le Rat (beaucoup trop d'animosité naturelle) et la Chèvre (relations en dents de scie très épuisantes moralement et nerveusement).

POISSONS/COCHON

Ses mots + : honnêteté (direct, sans malice, désintéressé), bonté (obligeant, loyal, indulgent), indépendance (autonome, volontaire, obstiné).
Ses mots - : crédulité (naïf, désarmé), inertie (paresseux, capitulard), obsession (soupçonneux, jaloux).
Ses affinités avec les autres signes : ses partenaires d'élection : la Chèvre (son amant idéal pour une nuit et plus), le Lièvre (son compagnon d'une vie) ou le Tigre (même s'il a tendance à profiter un peu de son côté bonne pâte). Prudence, en revanche, avec le Dragon (qui n'en ferait qu'une bouchée) ou un autre Cochon (trop de laisser-aller à deux). À éviter : le Serpent (beaucoup trop agressif pour sa sensibilité) et le Coq (trop instable à tous points de vue).

AMIS OU ENNEMIS?

Les couples qui doivent être privilégiés et ceux qui doivent être évités selon l'élément du signe.

Le Poissons Bois
Sa passion: la colère.
Son ami: Eau.
Son ennemi: Métal.

Le Poissons Terre
Sa passion: la tranquillité.
Son ami: Feu.
Son ennemi: Bois.

Le Poissons Eau
Sa passion: la peur.
Son ami: Métal.
Son ennemi: Terre.

Le Poissons Feu
Sa passion: la joie.
Son ami: Bois.
Son ennemi: Eau.

Le Poissons Métal
Sa passion: la tristesse.
Son ami: Feu.
Son ennemi: Terre.

LE POISSONS AU TRAVAIL

SES POINTS FORTS

La convivialité: il n'a pas de mal pour travailler en équipe, il fait sa part de corvées. Le dévouement: il fait passer son travail en premier et il est toujours prêt à aider les autres, même si cela doit contrarier ses projets. La souplesse:

il s'adapte sans problème aux gens, aux situations, aux changements.

SES POINTS FAIBLES

Le bas niveau d'activité : il fatigue vite et il est facilement démotivé en cas de difficultés ou de problème avec les autres. Le manque de méthode : il se montre souvent un peu brouillon dans son travail. Le manque d'ambition : il se contente trop de gérer ses acquis, le présent, il a du mal à concevoir des stratégies, des projets à long terme.

SES FILIÈRES

Les professions hospitalières (infirmier, aide-soignant…), paramédicales (laborantin, podologue, psychothérapeute…), du commerce (antiquités-brocante, chaussures, matériel religieux…), de médiation (agent de change, négociateur, responsable des ressources humaines…), à vocation humanitaire.

CE QU'IL LUI FAUT POUR BIEN TRAVAILLER

Un environnement dynamique et une ambiance stimulante : isolé, avec trop peu de contacts, il a tendance à se laisser envahir par la paresse. Un cadre structuré et bien organisé : si ce n'est pas le cas, son côté très désordonné peut très vite reprendre le dessus.

CE QU'IL DOIT APPRENDRE

À avoir une meilleure hygiène de vie (temps de sommeil, alimentation) pour être capable de bosser plus et plus longtemps sans s'épuiser. À s'organiser : il doit adopter un système de rangement et de classement pour ne pas gaspiller du temps et de l'énergie inutilement. À apprendre à dire « non » aux sollicitations des autres pour se concentrer en priorité sur son travail.

QUAND C'EST LUI LE CHEF…

Le patron Poissons : un « conciliateur ».

SES PLUS

C'est un empathique. Il perçoit et réagit bien aux besoins des autres ; il a conscience de son propre impact sur eux. Avec lui, pas de règles rigides ou de généralités valables pour tout le monde : il tient compte de vous (votre caractère, vos humeurs du moment…) dans le travail.

SES MOINS

C'est une éponge. Le dernier qui a parlé a raison donc vous ne pouvez pas vraiment compter sur lui pour faire preuve d'objectivité, trancher, surtout s'il doit prendre une décision pénible (virer un crétin qui pourrit les résultats et l'ambiance de l'équipe…).

L'ASTUCE

Lui montrer toujours l'injustice d'une situation quand vous voulez quelque chose. Par exemple, Machin qui fait le même boulot que vous est mieux payé. Et lui proposer une solution à mi-chemin (jamais dans le tout ou rien).

CE QU'IL NE FAUT SURTOUT PAS FAIRE AVEC LUI

Lui forcer la main, l'engager à l'usure quand il doute. Proposez-lui plutôt de « faire un essai », il sera rassuré et vous soutiendra ensuite si l'expérience est concluante.

LUI ET L'ARGENT

Le Poissons n'aime pas spécialement l'argent, c'est même souvent quelqu'un de très désintéressé, un peu trop parfois (il ne réclame pas l'argent qu'on lui doit, par exemple). Il n'a rien contre, mais l'argent le laisse assez indifférent : il est utile, pratique, nécessaire, mais il n'apporte rien ni au plan affectif ni au plan moral. C'est un moyen, jamais une fin, un projet, une ambition. Son idéal : en avoir assez pour en profiter, pas assez pour en souffrir. Il ne se sent pas plus heureux, il n'a pas le sentiment d'avoir plus de satisfactions avec un plus gros compte en banque. Au contraire, il trouve que l'argent complique souvent les choses et les relations. Il a d'ailleurs souvent du mal à capitaliser ; l'argent lui file entre les doigts (il ne sait pas comment), il le perd ou encore le donne aux autres (pour se déculpabiliser).

CE QU'IL DOIT FAIRE

Ne pas sacrifier systématiquement ses intérêts personnels sous prétexte que l'argent n'a pas d'importance. Ça laisse trop aux autres la possibilité de l'exploiter. Et se montrer un peu plus carré quand il doit parler d'argent

LA FEMME POISSONS

ICÔNES

Eva Longoria, Sharon Stone, Juliette Binoche, Drew Barrymore, Ornella Muti, Elizabeth Taylor, Michèle Morgan, Liza Minnelli, Ursula Andress, Glenn Close…

SA SENSIBILITÉ

Envahissante : elle est très perméable, hyperémotive.
Féminité : hyper fusionnelle (compassion, don de soi, sacrifice…).
Désirs : empathiques (passivité, réceptivité aux désirs des autres).

Zone érogène : les pieds.
Couleur : indigo.
Métal : mercure.
Parfum : musc.

Aphrodisiaque : bois bandé.
Pierre : aigue-marine.
Fleurs : anémone, camélia.
Villes : Bruges, Amsterdam.

SA BEAUTÉ

SA SILHOUETTE

Souvent de petite taille (au-dessous de 1,68 m), avec des formes très rondes (seins, fesses, hanches et cuisses opulentes), mais assez déliées. Le cou est court, presque toujours un peu empâté, les bras et les jambes ne sont pas très longs, mais les attaches sont souvent fines. Les épaules sont plutôt étroites, assez basses ou fuyantes. Le visage est assez rond, avec des formes peu marquées (ossature peu saillante), des cheveux bruns ou châtain clair, abondants, de grands yeux, au regard un peu voilé, un nez plutôt petit et charnu, des joues et des lèvres pleines, un menton rond.

À NOTER

Les caractéristiques physiques d'un signe, la silhouette, comme la morphologie et en général tout ce qui touche au corps empruntent toujours beaucoup au signe ascendant, elles sont donc souvent un mélange.

SON POINT FORT

Sa peau. Extrêmement douce (au naturel), d'une texture très fine et remarquablement élastique, elle lui donne une sorte de sensualité rayonnante.

SON POINT FAIBLE

Son visage. Même quand elle est jolie, voire belle, il a souvent des formes un peu floues, il manque de définition.

SON « BEAUTY MYTH »

Elizabeth Taylor (née le 27 février 1932). Elle a souvent comme elle cette grâce opulente et aussi un certain manque de discernement en ce qui concerne les hommes (« Il y a deux sortes d'homme dixit Elizabeth, ceux qui plaisent aux femme et ceux qui leur obéissent. ») qui la pousse au mariage (« un repos entre deux passions », re-dixit Elizabeth qui en connaît un rayon puisqu'elle s'est mariée huit fois dont deux avec Richard Burton).

SA FORME

SES BOBOS, SES MALADIES…

Pieds sensibles, elle a souvent des petites misères de ce côté-là: mauvaises odeurs (elle ne supporte pas les matières synthétiques), gonflements, mycose, cors… Un peu éponge, elle a aussi tendance à accumuler l'eau dans ses tissus, particulièrement au moment des règles. Grande introvertie (elle refoule complètement son agressivité), elle fait également souvent des verrues (pas seulement plantaires, aussi sur les mains, les doigts…) quand elle est soumise à de fortes tensions psychologiques (dans son couple ou son travail).

SA DIÉTÉTIQUE, HYGIÈNE DE VIE

Cyclothyme (change sans cesse d'humeurs et de sentiments), elle s'empiffre souvent de sucreries pour se remonter le moral. D'où surpoids (ventre, hanches, cuisses), problèmes de dos, risques accrus de diabète et, surtout grosse indolence. Bref, elle a intérêt à se secouer (manger plus de sucres lents, faire travailler ses membres inférieurs) pour faire le plein d'énergie.

SON ASTRO GYNÉCO

Malléable, influençable, c'est une femme qui reste longtemps sous la coupe de sa mère, qui refuse inconsciemment de devenir une femme (trop dur pour son hypersensibilité). Du coup, elle se développe souvent lentement et, parfois pas complètement (poitrine menue, utérus trop petit, absence d'ovulation en cours de cycle, donc de règles).

SES BIORYTHMES

Grande langoureuse (sans doute la plus indolente de tout le zodiaque), elle a plutôt une amplitude basse (pas de pic de forme vraiment remarquable dans la journée). Cela dit, elle est généralement plus tonique au réveil (à 7h, 12h ou 4h de l'après-midi).

SON PROFIL AMOUREUX

Très fille à maman (longtemps idéalisée), elle garde au fond d'elle une peur des hommes non résolue.
Assez introvertie, rêveuse, elle grandit souvent en se sentant confusément coupable de « quelque chose ». Du coup, elle a une nette tendance au sacrifice (c'est le type même de la fille qu'on exploite).
Plutôt passive et dépendante, même à l'âge adulte, elle a tendance à rechercher la sécurité et la protection du mâle (et à se marier très jeune, mais rarement avec le bon). Elle choisit souvent des hommes qui lui en font baver, d'une manière ou d'une autre, ce qui ne l'empêche

pas de leur être totalement dévouée (et d'être incapable de les quitter).

Hypersensible, elle a besoin de fuir la réalité, ce qui la mène souvent tout droit vers des paradis artificiels (alcool, drogue). Autres options : virer mystique (sectes), anorexique ou dépressive.

Grande sensuelle (intuitive, extrêmement féminine), elle oscille souvent entre des amours platoniques (pour un garçon qui ne veut pas d'elle) ou une débauche charnelle (joue les femmes soumises, les esclaves sexuelles).

Cyclique et instable, elle passe souvent de l'enthousiasme (pour quelqu'un, une chose, une activité) à l'apathie (se désintéresse, n'est plus motivée, traîne des pieds).

SA PERSONNALITÉ

LA FEMME

Intuitive : elle a beaucoup de flair, d'ingéniosité pour obtenir des résultats à moindre effort, à peu de frais. Elle n'oppose jamais qu'une résistance de principe aux pressions : elle se dérobe devant les obstacles, esquive les difficultés. Sa plasticité vous permet de désamorcer tous les conflits. À s'adapter à toutes les situations, tous les changements, elle a tendance à prendre peu d'initiatives, à s'investir en douceur dans les choses (et les vies). Elle a terriblement besoin de donner beaucoup d'elle-même, de satisfaire les besoins (affectifs, sexuels) des autres, tant pis si c'est au détriment de ses propres intérêts. Un peu maso? Sans doute, mais c'est comme ça qu'elle se sent bien.

LA MÈRE

Oblative: le genre qui s'arrache le cœur pour le donner à ses enfants en cas de disette. Le risque: faire un bébé très tôt (avant 20 ans et/ou avec n'importe qui) par besoin de donner de soi, et en se disant que quitte à se sacrifier, c'est préférable de le faire pour un petit être que pour de grands crétins. En général, elle évite, sauf milieu social très défavorisé et mère (la sienne) très irresponsable. Mais, plus tard (après 20 ans), elle n'est pas à l'abri du désir d'un homme qui lui dit « je veux te faire un enfant » (en fait, une manière de la coincer).

L'AMANTE

Docile. Elle est capable de s'adapter à tous les désirs, à tous les fantasmes de son partenaire. Appelons cela de la ferveur, de l'adoration! Ses sentiments, ses motivations sont si secrets, elle a d'ailleurs du mal à les définir elle-même, qu'elle ne les comprend pas toujours très bien.

Abandonner le terrain à une concurrente, partager un homme, céder la place à une rivale sont, par exemple, des choses dont elle est coutumière. Amoureuse (ou croyant l'être, mais où est la différence ?), elle est capable de tout accepter, de tout pardonner, même le manque d'égards, de respect, les « mauvais traitements » ou les infidélités.

L'AMIE

Insaisissable : personnalité polymorphe, elle se coule dans les ambiances, mais changeante (humeurs, habitudes) et très secrète, elle est difficile à cerner. Elle entretient souvent une sorte de flou artistique dans ses relations. Elle n'est pas très claire dans ses comportements. Elle semble ne pas avoir conscience du temps qui passe et donne souvent l'impression de douter d'elle-même (elle laisse volontiers ses amis décider de tout), de ne pas savoir vraiment ce qu'elle veut (elle se contente de suivre). Très désintéressée, avec elle il n'y a jamais, rarement, d'embrouilles (mais parfois de nombreux malentendus).

SON MODÈLE : LA PETITE SIRÈNE

Une grande mystique (comme beaucoup de filles Poissons). Elle pourrait se contenter d'avoir une belle vie longue et heureuse, mais elle veut avoir une âme éternelle. Pour ça, elle rejoint le monde des humains (tout le monde la traite à juste de titre de maso) en échangeant sa voix contre des pieds. Forcément, ça tourne mal : elle rencontre son prince charmant, le sauve de la noyade, mais il convole avec une autre. Au lieu de le tuer pour échapper à la mort, elle se sacrifie, elle meurt et se transforme en fille (immatérielle) de l'air. Morale de l'histoire : son existence dépend d'une volonté étrangère (elle ne peut pas avoir d'âme immortelle si elle ne gagne pas l'amour d'un homme).

SON DESTIN

Comme la Petite Sirène, elle remet son existence dans les mains des autres et elle passe sa vie à se faire exploiter (affectivement, sexuellement) et à se sacrifier pour des personnes qui n'en valent pas la peine ou ne lui ont rien demandé. Conséquences : elle va souvent de déception en déception, d'échec en échec et s'enfonce de plus en plus dans une espèce de masochisme. Ou, au contraire, elle s'accepte comme elle est (avec ses défauts et ses qualités) et reste avec les gens qui sont comme elle et qui l'aiment au lieu de courir après des chimères (comme par hasard souvent des mecs tordus ou nazes).

LES HOMMES DE SA VIE

LE PREMIER

Petite femme modèle, souvent sous la coupe de sa mère, elle arrive généralement sur le « marché » du sexe, après la puberté, dans un état de grande confusion émotionnelle en cumulant une forte activité fantasmatique, des sentiments de culpabilité et une certaine peur physique des hommes. Donc parfois abstinence pendant longtemps, jusqu'à l'âge de 18-19 ans, mais, plus souvent, elle cède à la requête pressante d'un prédateur sexuel : elle est souvent très naïve, trop gentille et, parfois, elle ne sait pas dire non. Comme la femme Scorpion, elle peut dès ce moment-là tomber dans un engrenage : avoir une réputation de nympho, de femme facile qui attire tous les salauds. Seul moyen d'éviter ça : d'abord ne jamais dire oui tout de suite, un homme vraiment intéressé peut attendre quelques semaines, voire quelques mois. Ensuite, choisir un gentil : un Taureau ou un Lion, par exemple.

L'AMANT

Persuadée que son destin est de souffrir, un vieux fond chez elle maso et judéo-chrétien, elle choisit souvent des hommes qui ne sont pas faits pour elle, qui la traitent comme un objet sexuel, une bonniche, histoire de lui prouver qu'elle est dans le vrai. Paradoxalement, c'est sans doute l'un des signes qui a le plus besoin d'affection et de protection. Pour rompre son schéma maso, elle doit d'abord arrêter de confondre attachement (« Je t'aime parce que tu me manques. ») et engagement (« Tu me manques parce que je t'aime. »). Ensuite, apprendre à choisir celui qui sera capable de l'épanouir sexuellement et affectivement. Ni un dépressif, trop frustrant sexuellement, ni un psychorigide qui manque de sensibilité et encore moins un coincé sexe : elle a de gros appétits et besoin qu'on l'aide à surmonter ses propres blocages. Bons choix : un Cancer, un Scorpion ou un Capricorne. Valables aussi, mais plus occasionnels : un Sagittaire ou un Gémeaux.

L'AMI

Très introvertie, elle a tendance à rentrer très vite dans sa coquille. Ce qui fait qu'elle se confie peu aux autres et qu'elle est souvent seule, trop timide, coincée. D'un autre côté, elle est très dévouée, compatissante, maternelle :

elle a besoin de s'occuper des autres. Elle doit donc lutter contre deux mauvais réflexes : la fuite et le sacrifice. Pour ça, elle a besoin d'amis qui la soutiennent, par des marques de respect, d'estime, pour contrebalancer sa tendance spontanée à l'autodévaluation et au dénigrement. Et qui, surtout, l'empêchent de trop donner et lui apprennent, en revanche, à recevoir car elle ne sait pas vraiment. Le bon profil : un Verseau, très altruiste, pas possessif et sincère, un Bélier, spontané, franc et « paternisant » ou un autre Poissons.

L'ÉPOUX

En général, elle vit ses premières relations sexuelles et affectives dans la passivité et la dépendance ; elle se « soumet » par exemple à un homme pour le garder dans ses filets. Et souvent, elle se marie jeune par besoin de sécurité affective, surtout si elle est très investie émotionnellement dans une relation sexuelle. Idéalement, son mari doit avoir les qualités de l'amant et celle de l'ami : un oiseau très rare ! Mais en plus, à la différence de l'amant, il doit être capable de supporter les longues périodes d'abstinence sexuelle dont elle est parfois coutumière. Et, bien plus qu'un ami, il doit lui apprendre à s'aimer davantage et à faire preuve d'un égoïsme sain, à penser un peu à elle pour changer. La perle : une Vierge qui l'aide à se distancier intérieurement parce que plus stable émotionnellement qu'elle, à juger rationnellement car elle a un meilleur discernement et l'encourage à entreprendre, produire, concrétiser, ce qui lui donne davantage de confiance en elle.

CELUI QUI NE L'AURA JAMAIS

Elle est romantique, intuitive, psychique, mystique, compatissante. Elle a tendance à se culpabiliser, à se rabaisser, à se sacrifier. Elle ne supporte pas tout ce qui est trop carré, logique, cérébral, bavard, abstrait… Bref, elle a peu de chance d'accrocher avec un cynique qui prend tout à la dérision, particulièrement ses bons sentiments, un sceptique qui doute de tout ce à quoi elle croit et qui, en plus, ironise, ou encore un blasé sans foi ni morale et opportuniste de surcroît. Bref exit le Gémeaux: il lui tondrait la laine sur le dos ou exciterait tous ses plus mauvais penchants

SON HOMME IDÉAL

- Un mâle dominant. Elle a besoin d'appartenir totalement, cœur, corps et âme, à un homme, pour se sentir en sécurité physiquement, moralement, affectivement et rester fidèle.
- Un protecteur. C'est quelqu'un de fragile, vulnérable, impressionnable, influençable. Il doit la couver et lui

éviter de faire des bêtises : coucher avec n'importe qui, exploser sa Carte Bleue, se laisser vampiriser…

- Un exigeant. Elle aime bien qu'un homme exprime librement ses désirs et ses fantasmes et l'y plie pour faire sauter ses blocages et la faire accéder à une relation fusionnelle.
- Un affectueux. Au fond, elle est terrorisée par les hommes, la vie d'adulte, les responsabilités : elle a toujours peur de ne pas être à la hauteur. Il doit aimer la petite femme craintive qui est en elle, la choyer et la rassurer.
- Un énergique. C'est une grosse paresseuse, elle a besoin d'être secouée pour devenir une grande femme autonome,
- Un fidèle. Quand elle est en couple, elle est enchaînée et d'une jalousie terrible qu'elle manifeste peu. Quand elle sent un homme pas net de ce côté-là, elle est capable de rompre sans rien dire.
- Un magicien. Pour elle l'amour, c'est d'abord ça. Elle a besoin d'un homme qui ait le sens du merveilleux et la fasse rêver. Exit donc les dépressifs, les maniaco-obsessionnels et les petit bras trop terre-à-terre.

COMMENT RÉUSSIT-ELLE SA SEXUALITÉ ?

Des pulsions sexuelles fortes, mais sublimées (fusion mystique avec le Grand Tout), une affectivité envahissante (capable d'aimer tout le monde), la femme Poissons a une sexualité plutôt de type passive (se laisse prendre).
Elle a besoin de donner d'elle-même, de satisfaire les besoins (affectifs, sexuels) des autres, quitte à ce que ce soit au détriment de ses propres intérêts. Il y a quelque chose d'un peu mystique dans cette tendance au sacrifice, mais aussi d'assez masochiste.
Ses rapports avec les hommes sont généralement fantasmatiques (des héros ou des salauds), empathiques (elle est très réceptive à leurs désirs), naïfs (elle imagine souvent des sentiments là où il n'y a que de l'intérêt sexuel), masochistes (elle est fréquemment attirée par des garçons qui ne sont pas faits pour elle).
Très fusionnelle, elle se sent rapidement à l'aise avec un homme), elle n'a pas ou peu de blocages et de dégoûts et une propension à la docilité (fantasmes de soumission).

SON PROFIL PSYCHOSEXUEL

Fusionnelle (elle est très réceptive aux désirs des autres), naïve (elle imagine souvent des sentiments là où il n'y a que du sexe) et un tantinet maso (elle est fréquemment attirée par des garçons qui ne sont pas faits pour elle), elle est plutôt ouverte aux sollicitations. Elle peut dire « oui », ne rien refuser, sans se soucier des conséquences, mais chez elle, tout est lié : le cœur, le corps et l'âme. Capable de tous les abandons (les hommes se croient souvent et rapidement en terrain conquis), elle l'est aussi de toutes les fuites : elle disparaît (physiquement) ou alors elle est là sans être vraiment là (perdue dans ses rêveries intérieures).

SA ZONE ÉROGÈNE

Les pieds. Ils sont, plus que pour les autres femmes, directement reliés à ses centres du plaisir dans le cerveau (et aussi à son bas-ventre).

SA ZONE « TABOU »

Elle n'en a pas, sauf trauma psychotique particulier. Chez elle, tout le corps est érotisé, sa sensualité est à fleur de peau.

SA SÉDUCTION

Tout en signes subtils. C'est plutôt une timide (donc elle n'est pas agressive sexuellement), une lente (elle ne se rue pas sur un garçon qui lui plaît) et une silencieuse (elle s'exprime plus par le regards, les gestes).

SA RELATION SEXUELLE IDÉALE

Fortement connotée mystique. Plus elle sent que ça la rapproche de Dieu (elle est souvent dans le sacrifice), plus elle aime. L'embêtant : les vrais gourous sexuel, c'est rare ; elle tombe plus souvent sur des petits maquereaux New Age (et se fait exploiter).

SON HOMME FANTASME

Un sec, visage taillé à la serpe, muscles tendus comme des cordes, un peu le genre de Kurt Russel au temps de sa splendeur, avec un regard bleu (et des lueurs d'intelligence).

SEXUALITÉS ALTERNATIVES

Chasteté (absence de rapports sexuels dans le célibat et/ou dans le couple)
Quasi impensable car elle a parfois trop de mal à dire non, mais aussi en cas d'enfermement (couvent, hôpital, prison en chambre individuelle) ou de dépression massive.

Monogamie (relation ou vie de couple avec exclusivité sexuelle)
Elle y croit, mais de là à s'y tenir... Trop de tentations: fantasme d'un amour hors norme, passades romantiques, élans masochistes pour des salauds, envies de sacrifice pour des paumés, etc.

Multipartenariat (célibat avec deux ou plusieurs relations sexuelles en simultané)
Fréquent, surtout au début de sa vie sexuelle ou après une relation amoureuse ratée: à la fois pour se punir et s'éviter de se lier à nouveau.

Union libre (relation ou vie de couple avec liberté sexuelle)
Pas fait pour elle. Elle a besoin d'être cadrée affectivement et sexuellement, sinon tous les dérapages sont possibles.

Triolisme (relations sexuelles à trois)
Possible, mais souvent intenable, car trop docile, soumise, elle peut devenir le jouet du couple, même quand c'est une femme qui s'agglutine au sien.

Échangisme (échange de partenaire avec un ou plusieurs autres couples)
Risqué. Vu son oblativité, elle peut sombrer très vite dans une forme d'exploitation sexuelle: maquereautage, partouze, tournante...

Homosexualité (rapports sexuels et/ou vie à deux avec une autre femme)
Pas évident, car elle a souvent des liens négatifs avec sa mère, donc une attirance souvent inavouée pour les autres femmes, doublée de tabous très puissants.

Accessoires (gadgets et stimuli *du désir)*
Prédilection pour le bazar (plumeau, masques, liens, martinet), les jeux aquatiques, les décors mystico-kitsch, les tenues de prostituée, d'esclave...

SES AMOURS AVEC LES AUTRES SIGNES

Il y a quelque chose de magique (limite mystique) dans son royaume des sens. Un charme aussi irrésistible qu'inexplicable. Forcément, les hommes succombent. Ils croient la conquérir, elle les laisse faire, et puis, pfuit, elle disparaît. Insaisissable. Incompréhensible. Elle était bien là, non ? Offerte cœur, corps et âme, abandonnée sans pudeur, sans orgueil. « J'ai fais un rêve », se disent-ils et ils regrettent. De l'avoir pris pour leur chose (sexuellement, elle peut se montrer très soumise), de n'avoir pas su la garder.

AVEC UN BÉLIER ***

Normalement, elle aime les musiques et les danses de l'amour plus suggestives. Lui, son style c'est sans tambours et trompettes, militaire à la hussarde. Mais, bon, la chair est (heureusement ?) faible. Des ébullitions donc.

AVEC UN TAUREAU ****

Ses chants langoureux, les ondulations de ses hanches, ses creux si sinueux, ont vite fait de dérégler tous ses sens, d'enflammer son désir. À l'usage, il se révèle très vaillant, enveloppant (elle adore) et terriblement stimulant.

AVEC UN GÉMEAUX *

À la rigueur, un jour de grandes chaleurs, pour ne pas rester échouée dans une solitude, pour un câlin minute, des excitations de surface, des plaisirs fast-foods. Sinon c'est une erreur.

AVEC UN CANCER ****

Ses yeux languissants, ses regards mouillés, ses litanies lascives mettent tous ses sens en émoi. Il rêve éveillé de ses charmes secrets, déploie toutes ses persuasions pour la prendre dans ses filets. Ça marche. Elle est en manque dès qu'il disparaît.

AVEC UN LION ***

Il la calme d'une patte de velours, l'excite d'un coup de griffe, lui mord la nuque, la berce de tendres ronrons. Aux anges, elle le prend pour son dieu solaire et s'abandonne à lui sans regret.

AVEC UNE VIERGE **

Il comprend vite son b.a.-ba amoureux, ses danses muettes de la séduction, ses moues « fatiguées »: une invite à tous les plaisirs. Il ajoute à ses frétillements et là, déception: il ne l'emmène pas dans de très grandes profondeurs.

AVEC UNE BALANCE **

Il la branche pour l'amourette, elle le séduit sur un coup de tête. Elle tente de lui révéler la métaphysique du sexe; ses appétits sont plus terrestres. Elle aime aussi. Tant pis pour la mystique.

AVEC UN SCORPION ****

Auprès d'elle, il joue les barbares. Il l'imagine fille docile, elle se prête à son fantasme, réduit ses sens en esclavage. Et se prend pour Marie-Madeleine devant cet homme qui lui met le diable au corps.

AVEC UN SAGITTAIRE *

Il ne comprend rien à ses petits sourires en coin, ses propos mi-figue mi-raisin, ses regards qui disent les invites muettes. Finalement, il se jette dans les eaux troubles de ses désirs et s'y noie bien vite. Ça la laisse un peu naufragée.

AVEC UN CAPRICORNE ***

Elle lui fait l'amour en fuite, il la prend pour une belle de jour perverse, se pique à ses sortilèges. De son côté, elle fantasme sur sa solidité, et puis ses mains sont si douces dans ses replis.

AVEC UN VERSEAU **

Elle est son harem, sa houri, il voit (touche) en elle mille femmes, toutes enchanteresses. Mais ses caresses se contentent d'effleurer ses désirs. Elle se trémousse dans ses bras en rêvant d'émotions plus abyssales.

AVEC UN POISSONS ****

Cet amant est comme une algue à la surface de ses désirs : même si elle l'écarte, il revient sans cesse. Ensemble, il retrouve les rythmes océaniques du plaisir, les profondeurs de l'émotion.

L'HOMME POISSONS

ICÔNES

MC Solaar, Lou Reed, John Irving, Laurent Ruquier, Alain Prost, François Fillon, Brian Jones, Thierry Vigneron, Terence Trent D'Arby, Jerry Lewis, Kurt Russel, Rob Lowe, Luc Besson, Spike Lee, David Duchovny…

SON PROFIL PSYCHOLOGIQUE

Empathique : il s'identifie facilement aux autres, ressent ce qu'ils ressentent. Il a une bonne écoute (il sera rarement indifférent à vos problèmes et à vos attentes) et beaucoup de sensibilité. Donc il s'adapte et s'intègre vite, bien, dans tous les milieux, avec tout le monde ou presque. Revers de la médaille : il est très influençable (et pas seulement par vous).

Nonchalant : pas de doute, ce n'est pas un foudre de guerre. Il prend peu d'initiatives, de décisions (seulement quand il ne peut pas faire autrement, quand il est contraint par les autres, les événements ou la nécessité). Il n'a pas le goût du risque (sauf inconscience) ni celui de la compétition (se défile devant un éventuel rival).

Compréhensif : il a horreur des rapports de force donc il ne cherche pas à s'imposer (parce que c'est lui ou que c'est comme ça). Donc il est très persuasif (souvent même assez manipulateur) et il a un réel talent pour régler les problèmes sans les prendre de front (sait faire des compromis). Contrepartie : il n'est pas très courageux (fuit quand ça devient trop compliqué ou trop conflictuel).

Irrationnel : il manque d'objectivité, de logique (se fie plus à son flair). Conséquences : il reste toujours un peu flou dans ses intentions et ses projets (pour se garder une porte de sortie) et il renonce facilement en cas de difficulté pratique (manque de constance dans ses relations, de suivi dans ses activités).

SES PLUS ET SES MOINS

SES QUALITÉS

Sa bonne volonté : *a priori* il cherche toujours à bien faire (veut son bien, est dévoué), même quand il est dénué de sens pratique (se noie facilement dans les détails). Sa patience : il supporte plutôt bien tout ce que vous lui faites subir (mauvaises humeurs, crise d'ego, de jalousie…). Sa disponibilité : il n'est pas très contrariant (plutôt trop conciliant), même s'il fait parfois les choses en traînant des pieds. Son intuition : il pige d'emblée, vous n'avez pas besoin de blablater pendant des heures pour vous faire comprendre.

SES DÉFAUTS

Sa mollesse : il a toujours tendance à en faire le moins possible (remet au lendemain, oublie, bâcle, ne finit pas les choses…). Sa lâcheté : il ne s'engage pas ou peu (affectivement, concrètement…), il se défile souvent (il a un don pour ça). Son côté éponge : il pense souvent ce que pensent les autres et il est d'accord avec tout le monde (ne prend pas parti, même pour vous). Son mutisme : ce n'est pas un bavard, donc c'est compliquer de communiquer avec lui avec des mots (en plus il se ferme comme une huître quand ça ne va pas).

LUI ET LES FEMMES

SA MÈRE

Une mère poule et gaga (sa huitième merveille du monde). Elle a pu tout lui sacrifier (mari, travail, amies...) et souvent elle l'a gardé dans ses jupes très longtemps, au moins jusqu'à l'adolescence. Sorti (souvent pas complètement) de cette relation presque incestueuse, aujourd'hui il est persuadé que les femmes ne peuvent rien lui refuser (ce qui est la plupart du temps le cas parce qu'il sait très bien s'y prendre avec elles).

LES FEMMES QUI LUI PLAISENT (ATTRACTION)

Les dominatrices : il y a toujours chez lui un vieux fond maso qui le pousse à jouer les esclaves (sexuels) et à faire la bonniche. Les caméléons : comme il est inconstant dans son désir (se lasse vite dans la répétition), il lui faut une femme capable de changer de look et de personnalité. Jouables : une femme Lion (très chef), une Cancer (très plastique) ou une Scorpion (très sexe).

LES FEMMES QUI L'ENNUIENT (NEUTRALISATION)

Les inutiles: c'est un rêveur, il a besoin qu'on s'occupe de lui et qu'on le prenne en charge dans le quotidien. Les garçons manqués: il est trop féminin lui-même pour supporter les femme dures. Celles qui sont trop dans la demande: comme il a du mal à dire non, il a peur de finir pieds et poings liés. Exclues donc: les femmes Verseau (trop masculines) et Bélier (trop fatigantes).

LES FEMMES QUI LUI FONT PEUR (RÉPULSION)

Les froides: c'est un garçon sensuel, il a besoin de contact pour se sentir aimé. Les hyperactives: c'est un calme, il aime sa tranquillité. Les trop rationnelles: il ne sait pas bien expliquer et il n'a pas la patience. Sur la sellette: les femmes Gémeaux (trop pinailleuses) et Sagittaire (trop excitées, impatientes).

LA FEMME QU'IL LUI FAUT (ÉLECTION)

Une maternelle parce qu'il a besoin d'être couvé et qu'on l'empêche de faire des bêtises (coucher avec n'importe qui, exploser sa Carte Bleue, se laisser vampiriser...). Une femme exigeante pour deux: livré à lui-même, il n'est pas très ambitieux (dans tous les domaines) et il va toujours au plus facile. Une grande énergique: c'est un gros paresseux, il doit être secoué (souvent) pour être productif. Une douce: il déteste les conflits, les femmes dragons, les hystéros… Une stable (sentiments, idées, projets): il a besoin d'une femme qui sait ce qu'elle veut, où elle va. Bon choix: une femme Taureau très sensuelle comme lui, mais aussi plus matérialiste (pour le cadrer).

♊

SA SEXUALITÉ

IL EST COMME ÇA!

Idéalement, il aimerait bien connaître (bibliquement) toutes les femmes de la planète. Pratiquement, il est forcément limité. Résultat: il va souvent au plus facile (désolé, pas très flatteur pour vous).

Ses +: son côté pas farouche, facile à harponner, sans problème (il dit O.K. à tout), sa sensibilité féminine (au lit, il sait d'instinct ce qui vous fait plaisir).

Ses -: son genre patron de harem (ascendant maquereau), son côté anguille, sa passivité (il vous veut toujours dessus).

SES PRÉFÉRENCES SEXUELLES

Très charnel, pour lui le sexe, c'est une forme d'engagement (un peu mystique et parfois assez masochiste). Branché petites cellules roses, il sait d'instinct ce qui fait plaisir à une femme et s'adapte facilement à sa sexualité (fait automatiquement ce qui fait plaisir à sa partenaire). Assez passif (et paresseux), il aime bien au lit les femmes qui prennent des initiatives (s'occupent de tout, préfèrent être dessus). Pervers polymorphe, il peut se livrer à toutes sortes d'expériences (triolisme avec une autre femme, voire un autre garçon, échangisme…) quand on le lui demande.

COMMENT LUI FAIRE L'AMOUR?

Pour lui, le sexe c'est une activité à part entière au même titre que le travail, la famille, le sommeil: tout un univers en soi. Ce n'est pas quelque chose qu'on bricole, seulement une recherche de plaisir ou de jouissance. Chez lui, le sexe a toujours des résonances émotionnelles, religieuses, poétiques. Bien sûr, il reste capable d'un petit bonheur rapide, mais il préfère prendre son temps. Avec lui, il faut être disponible, pouvoir passer trois jours au lit pour explorer diverses variations du plaisir. Physiquement, il a une certaine passivité intérieure, même quand il joue les initiateurs. Alors n'hésitez pas à prendre des initiatives, à essayer des trucs que vous n'avez jamais faits.

OÙ SONT LES RISQUES DE PANNE ?

Chez les Capricorne ? C'est ce que semble montrer une enquête réalisée par une clinique britannique spécialisée dans les dysfonctions érectiles : les Capricorne auraient plus de risque de panne que les autres signes. Enclins à plus d'anxiété, un premier échec entraînerait un stress qui sera la cause d'un second échec, etc. À l'autre bout du tableau, le Sagittaire, un chaud lapin. Voici le classement complet (et décroissant ☺).

1. Capricorne (23 décembre-19 janvier)
2. Cancer (23 juin-23 juillet)
3. Taureau (21 avril-21 mai)
4. Vierge (24 août-23 septembre)
5. Gémeaux (22 mai-22 juin)
6. Balance (24 septembre-23 octobre)
7. Verseau (20 janvier-19 février)
8. Lion (24 juillet-23 août)
9. Bélier (21 mars-20 avril)
10. Poissons (20 février-20 mars)
11. Scorpion (24 octobre-22 novembre)
12. Sagittaire (23 novembre-22 décembre)

Source : Firstmed Consulting, 2006.

LE FENG SHUI DE VOTRE COUPLE

Pour les Chinois, au-delà de la magie de la rencontre entre deux êtres, l'amour est d'abord une affaire de compatibilités® objectives calculées grâce à une puissante formule feng shui, longtemps restée secrète : le Pa Kua Lo Shu ou « chiffre kua » pour faire court. Quel est le vrai degré de compatibilité entre vous et lui ou elle ? Pour le savoir, vous devez confronter vos chiffres kua.

COMMENT CALCULER SON CHIFFRE KUA ?

Prenez l'année de naissance chinoise (voir page 83). Pour les Chinois, l'année commence toujours fin janvier ou début février. Si par exemple, une personne est née en janvier 1974, son année de naissance chinoise est 1973 et non 1974. Ensuite, additionnez les deux derniers chiffres de l'année de naissance et, si la somme dépasse neuf, faire le total. Par exemple, pour une naissance en 1973 : 7 + 3 = 10, 1 + 0 = 1.

Puis, si vous êtes une femme, ajoutez 5 pour obtenir le chiffre kua personnel. Exemple : 1 + 5 = 6.

Pour un homme, retranchez le chiffre de naissance de 10 pour obtenir votre chiffre kua. Par exemple, pour un homme né en 1965 : 6 + 5 = 11, 1 + 1 = 2, 10 – 2 = 8. Muni de ces deux chiffres kua, reportez-vous aux tableaux suivants pour connaître votre compatibilité de couple. Exemple, le chiffre kua 6 : il est compatible avec les hommes et les femmes 8, 7, 6, 2, 5. En revanche, il est incompatible avec les 1, 9, 4 et 3, hommes ou femmes. À noter : on peut aussi utiliser les chiffres kua pour déterminer son degré d'affinité avec ses amis ou son patron.

LES COUPLES COMPATIBLES

VOTRE CHIFFRE KUA	LE SIEN			
	SHENG CHI KUA	TIEN YI KUA	NIEN YEN KUA	FU WEI KUA
I	3	4	I	9
2	7	8 (et 5 femme)	2 (et 5 homme)	6
3	I	9	3	4
4	9	I	4	3

5	7 (et 6 femme)	8 (et 2 femme)	5	6 (et 7 femme)
6	8 (et 5 femme)	7	6	2 (et 5 homme)
7	2 (et 5 homme)	6	7	8 (et 5 femme)
8	6	2 (et 5 homme)	8 (et 5 femme)	7
9	4	3	9	I

SHENG CHI KUA ****

Compatibilité parfaite : non seulement votre partenaire est une source de bonheur sans cesse renouvelé, mais il vous apporte de surcroît une chance extraordinaire dans tous les domaines. Bref, il n'y a pas mieux pour s'épanouir à deux, prospérer et surmonter toutes les difficultés de l'existence.

TIEN YI KUA ***

Extrêmement compatible : un couple fait pour durer contre vents et marées. Et qui peut durer longtemps et en pleine santé parce que chacun veille au bien-être de l'autre. On sait d'ailleurs que grâce à ça l'espérance de vie est de quatre à cinq ans plus élevée dans ce genre de couple que dans les autres.

Nien Yen Kua **

Très compatible : une relation harmonieuse et heureuse. Le même désir – et la même volonté – de construire ensemble « quelque chose qui tienne », et souvent une infinie tendresse, une véritable attention à l'autre, un souci de son bien-être et de ses plaisirs. Bien sûr, vous pouvez avoir comme tout le monde vos petits (et gros) pépins de couple, mais vous ne songez pas à la séparation et au divorce chaque fois que cela ne va pas.

Fu Wei Kua *

Compatible : pas de doute, vous êtes bien assortis, votre couple est solide, fait pour durer ; en tout cas, vous pouvez aller très loin ensemble. Entre vous, peu de désaccords, ou si peu. En cas de problème, vous êtes capables de vous remettre en question, ou suffisamment intuitifs, pour faire le pas vers l'autre qui arrange tout. Chacun encourage l'autre et le soutient dans les mauvaises passes.

COMMENT BIEN ORIENTER SON LIT POUR PLUS D'AMOUR ?

Une bonne orientation du lit est essentielle pour bien dormir. Mais c'est aussi l'un des éléments les plus déterminants pour réussir une relation amoureuse, faire durer son couple même en cas d'incompatibilité. Couché, la tête doit être orientée vers sa « direction personnelle ». Si c'est impossible, il faut choisir l'une des trois autres directions qui sont favorables. Mais surtout éviter les directions négatives.

Voici les directions favorables en fonction de votre chiffre kua.

Chiffre kua	Groupe	Directions favorables
1, 3, 4, 9	Est	Est, nord, sud et sud-est
2, 5, 6, 7, 8	Ouest	Ouest, sud-ouest, nord-ouest, nord-est

Et la direction idéale de votre tête en fonction de votre chiffre kua.

Si le chiffre kua est…	Il faut avoir la tête au…
1	Sud
2	Nord-ouest
3	Sud-est
4	Est
5	Ouest (femme), Nord-ouest (homme)
6	Sud-ouest
7	Nord-est
8	Ouest
9	Nord

LES COUPLES INCOMPATIBLES

VOTRE CHIFFRE KUA	LE SIEN			
	HO HAI KUA	WU KWEI KUA	LUI SHA KUA	CHUEH MING KUA
I	6	2 (et 5 homme)	7	8 (et 5 femme)
2	9	I	3	4
3	8 (et 5 homme)	7	2 (et 5 homme)	6
4	7	8 (et 5 femme)	6	2 (et 5 homme)
5	9 (et 3 femme)	8 (homme) et 4 (femme)	3 (homme) et 9 (femme)	4 (homme) et I (femme)
6	I	9	4	3
7	4	3	I	9
8	3	4	9	I
9	2 (et 5 homme)	6	8 (et 5 femme)	7

Ho Hai Kua ⚡

Incompatible : bien sûr, ça peut marcher et même un bon moment, mais cette relation ne va pas sans heurts. Le partenaire peut être la cause de mésaventures et même si vous vivez depuis très longtemps ensemble, votre couple reste fragile. Plus cimenté par le poids des habitudes que par une réelle complicité.

Wu Kwei Kua ⚡⚡

Très incompatible : on l'appelle aussi la relation des « cinq spectres », c'est-à-dire tous les éléments extérieurs qui peuvent occasionner des problèmes dans un couple : la famille, les enfants, l'argent, les amis et les autres femmes (ou hommes). Avec le temps, les conflits devenant de plus en plus intenses, vous risquez, si vous n'y prenez garde, de vous éloigner insensiblement l'un de l'autre.

Lui Sha Kua ⚡⚡⚡

Extrêmement incompatible : les Chinois appellent cette relation celles des « six meurtres ». Autant dire que l'on peut s'y faire beaucoup de tort l'un l'autre, cela dans tous les domaines et causer (même quand on croit être habité de bonnes intentions) d'immenses chagrins. La séparation est vivement conseillée et, quand elle n'est pas possible, de continuer à cohabiter en menant des existences séparées et en évitant soigneusement les motifs de discorde.

Chueh Ming Kua ⚡⚡⚡⚡

Incompatibilité absolue (et irréversible) : pour les Chinois, c'est le pire : la mort au sens métaphorique sinon littéral du terme. La relation qui conduit à la ruine (réputation, santé, argent…) et à la destruction (dépression, suicide). Donc, *a priori* à fuir comme la peste et le choléra réunis. Mais heureusement, d'autres éléments, par exemple des affinités astrologiques, peuvent souvent venir contredire cette incompatibilité apparente.

LE PETIT DICO DE L'ASTRO

Affinités planétaires : en plus des affinités en fonction des saisons et des éléments, nous avons aussi des compatibilités secrètes, cachées. Celles-ci dépendent des planètes. Ce qui fait vraiment la différence, qu'on se sent mieux immédiatement avec certaines personnes qu'avec d'autres, c'est notre accord planétaire. Chacun de nous est en effet en résonance avec l'une des cinq grandes planètes proches du Soleil : Mercure, Vénus, Mars, Jupiter et Saturne. Nous ne vibrons pas de la même manière ni pour les mêmes signes selon la planète à laquelle nous sommes « intimement » liés dès notre naissance.

Votre signe	Votre planète	Les bons signes pour vous
Bélier	Mars	Lion, Scorpion, Capricorne
Taureau	Vénus	Cancer, Balance, Poissons
Gémeaux	Mercure	Capricorne, Vierge, Lion
Cancer	Lune	Taureau, Balance, Verseau
Lion	Soleil	Bélier, Scorpion, Capricorne
Vierge	Mercure	Capricorne, Gémeaux, Lion
Balance	Vénus	Cancer, Taureau, Poissons
Scorpion	Mars	Bélier, Lion, Capricorne
Sagittaire	Jupiter	Poissons, Lion, Cancer
Capricorne	Saturne	Verseau, Vierge, Balance
Verseau	Saturne	Capricorne, Vierge, Balance
Poissons	Jupiter	Lion, Cancer, Sagittaire

Air : élément attribué au Gémeaux, à la Balance et au Verseau. Au positif, l'air présume une certaine vivacité mentale : les préoccupations, les intérêts sont très diversifiés. Au négatif, l'air suppose une certaine instabilité : les intérêts sont dispersés, les actes manquent de suivi.

Ascendant : c'est le degré exact du zodiaque où le cercle de l'horizon coupe celui de l'écliptique. Il correspond à la pointe de la Maison I. C'est le lieu du lever du soleil un jour donné.

Aspect : un aspect est une relation entre deux planètes d'un thème astrologique. Il se définit comme une relation géométrique entre deux points par rapport à un troisième. Les aspects tissent un réseau de communication entre les planètes inscrites dans les signes et dans les Maisons. Il y a sept principaux aspects: la conjonction, le semi-sextile, le sextile, le carré, le trigone, le quintile et l'opposition. Chacun a des effets particuliers sur les planètes concernées:

- Conjonction: les contradictions, les relations ambivalentes;
- Semi-sextile: les non-relations, l'indifférence;
- Sextile: les facilités, les relations favorables;
- Carré: les antagonismes, les relations conflictuelles;
- Quintile: les frictions positives ou négatives;
- Trigone: les opportunités, les relations bénéfiques;
- Opposition: les tensions, les relations bloquées.

Balance: du 23 septembre au 22 octobre environ. La Balance est le septième signe du zodiaque.
Genre: masculin. Rythme: cardinal. Élément: Air.
Mots-clefs: sentir, aimer, apprécier, séduire.

Bélier: du 21 mars au 20 avril environ. Le Bélier est le premier signe du zodiaque.
Genre: masculin. Rythme: cardinal. Élément: Feu.
Mots-clefs: exister, animer, découvrir, conquérir.

Cancer : du 22 juin au 22 juillet environ. Le Cancer est le quatrième signe du zodiaque.
Genre : féminin. Rythme : cardinal. Élément : Eau.
Mots-clefs : imaginer, ressentir, formuler, créer.

Capricorne : du 22 décembre au 20 janvier environ. Le Capricorne est le dixième signe du zodiaque.
Genre : féminin. Rythme : cardinal. Élément : Terre.
Mots-clefs : satisfaire, sélectionner, organiser, décider.

Cardinal : ce mot désigne toujours un signe qui représente le début d'une saison. Il y a quatre signes cardinaux dans le zodiaque : le Bélier, le Cancer, la Balance et le Capricorne, correspondant respectivement au début du printemps, de l'été, de l'automne et de l'hiver. Les signes cardinaux se caractérisent en termes d'énergie, d'impulsivité, de mobilité. Ce sont des épicuriens.

Carré : le carré est un aspect entre deux ou plusieurs planètes situées dans deux lignes séparées par deux autres signes. Il produit des effets conflictuels entre les planètes concernées qui se manifestent par des accidents ou des crises dans l'environnement ou l'entourage.

Carte du ciel : une carte du ciel, par exemple un thème de naissance, est une représentation du ciel à un moment précis pour un lieu donné. C'est un système symbolique qui, comme tous les systèmes, est formé par quatre composants :

- Une limite : le zodiaque et les signes, comme les frontières d'un pays ou du corps ;
- Des éléments : les planètes, comme les villes d'un pays ou les parties du corps ;
- Des mémoires : les Maisons, comme les quartiers d'une ville ou les organes du corps ;
- Un réseau de communication : les Aspects, comme les rues d'une ville ou les canaux corporels.

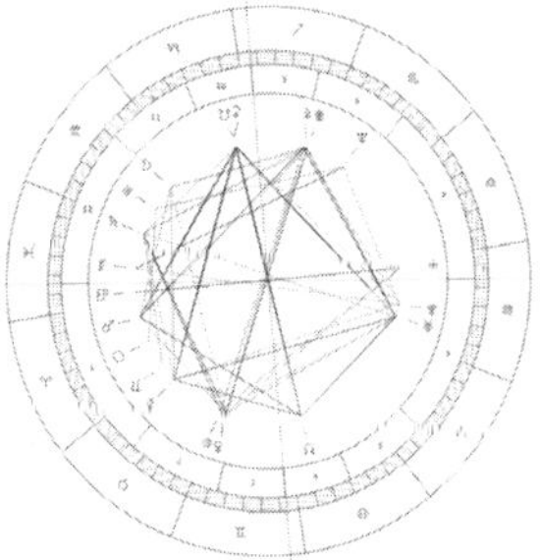

Conjonction : la conjonction est un aspect entre deux ou plusieurs planètes dans un même signe ; elle est favorable ou problématique selon la nature des planètes et du signe concernés.

Constellation : groupe d'étoiles fixes sans liens réels sinon apparents. Chaque constellation désignant une direction précise, elle servait autrefois de guide aux marins des mers méditerranéennes.

Compatibilités des signes : on a tous constaté qu'on s'entendait mieux avec certains signes qu'avec d'autres. C'est lié au fait que chaque signe solaire (votre signe de naissance) représente une certaine manière de voir le monde et que nos visions du monde sont plus ou moins proches, plus ou moins différentes. Notre signe ascendant joue aussi un rôle important dans nos relations dans la mesure où il représente une certaine manière de ressentir les choses. Quand on a des ascendants qui « collent », on a une sensibilité commune. Nos relations, nos amitiés, nos amours comme nos inimitiés, dépendent ainsi pour beaucoup des signes du zodiaque : il y a des associations idéales. Cependant, il est faux de croire que certains signes sont faits pour s'entendre et d'autres pour se détester. Les relations entre les signes, comme celles entre les êtres humains, sont infiniment complexes. Comment décoder les affinités entre les signes ? Trois clefs : les saisons, les éléments et les planètes.

Degré : la plus petite unité du cercle et du zodiaque. La division du cercle par 360 n'est pas arbitraire. Le chiffre est en réalité la moyenne entre la durée de l'année solaire (365 jours) et la durée de l'année lunaire (355 jours).

Eau : élément attribué au Cancer, au Scorpion et au Poissons. Au positif, l'eau figure la sensibilité, l'imagination, la réceptivité. Au négatif, elle suppose des fantasmes, une certaine passivité.

Écliptique : le Soleil semble tourner autour de la Terre. En se déplaçant, il décrit sur la sphère céleste, une ligne imaginaire : l'écliptique. Le zodiaque correspond à une frange étroite qui s'étend de part et d'autre de l'écliptique. Toutes les planètes du système solaire semblent se mouvoir sur cette frange quand on les observe depuis la Terre.

Élément : dans le zodiaque, les signes sont distribués par élément : le Feu pour le Bélier, le Lion et le Sagittaire ; la Terre pour le Taureau, la Vierge et le Capricorne ; l'Air, pour le Gémeaux, la Balance et le Verseau ; l'Eau pour le Cancer, le Scorpion, et le Poissons. À l'origine, chaque élément se rapportait à un couple de qualités sensibles : le chaud et le sec pour le Feu ; le froid et le sec pour la Terre ; le chaud et l'humide pour l'Air ; le froid et l'humide pour l'Eau. Dans le zodiaque, chaque élément a pour opposé son complémentaire : les signes de Feu (Bélier, Lion, Sagittaire) sont plus ou moins « amis » avec les signes d'Air (Balance, Verseau, Gémeaux) et les signes de Terre (Taureau, Vierge, Capricorne) avec les signes d'Eau (Cancer, Scorpion, Poissons). Chaque élément est aussi encadré par deux autres avec lesquels il est plus ou moins « ennemi »: à sa gauche, l'élément qui le menace, à sa droite celui qu'il menace. Par exemple, le Feu du Bélier est menacé par l'Eau du Poissons et menace la Terre du Taureau ou la Terre du Capricorne est menacée par le Feu du Sagittaire et menace l'Air du Verseau.

Féminin: signes féminins et masculins alternent dans le zodiaque comme alternent le pair et l'impair dans les chiffres. Sont féminins: le Taureau et le Cancer, la Vierge et le Scorpion, le Capricorne et le Poissons. Ils se caractérisent en termes de puissance, de virtualité, de réceptivité.

Feu: élément caractéristique du Bélier, du Lion et du Sagittaire. Au positif, le Feu présume le courage, la volonté, l'enthousiasme. Au négatif, il suppose l'impulsivité, la violence, un caractère velléitaire.

Fixe: ce mot désigne toujours un signe de milieu de saison. Il y a quatre signes fixes: le Taureau, le Lion, le Scorpion et le Verseau correspondant respectivement au milieu du printemps, de l'été, de l'automne et de l'hiver. Les signes fixes se caractérisent en termes de force, de constance et d'absolu. Ce sont des stoïques.

Gémeaux : du 21 mai au 21 juin. Le Gémeaux est le troisième signe du zodiaque.
Genre : masculin. Rythme : mutable. Élément : Air.
Mots-clefs : penser, observer, réfléchir, communiquer.

Horoscope : c'est en réalité le point de l'écliptique visible à l'horizon à l'instant précis d'une naissance. Aujourd'hui le mot désigne plus souvent un pronostic signe par signe.

Jour : le nom des jours de la semaine est une invention des Chaldéens. Ils ont attribué à chaque jour la « qualité » des astres qu'ils avaient découverts dans le ciel. Dimanche est le Soleil, l'esprit ; lundi, la Lune, le corps ; mardi, Mars, le courage ; mercredi, Mercure, la parole ; jeudi, Jupiter, la patience ; vendredi, Vénus, la beauté ; samedi, Saturne, la persévérance.

Jupiter : ordre, justice, spiritualité... Jupiter est associé à l'élément Feu, au Sagittaire (son signe), au Cancer et au Poissons.
Attributs : masculin, positif, chaud et sec.
Symbolise : la loi, la prospérité, la morale (philosophique, religieuse...), les voyages, les grandes entreprises.

Latitude-longitude : coordonnées terrestres indispensables pour le calcul des Maisons. Elles permettent de localiser chaque lieu d'observation d'une manière précise.

Lion : du 23 juillet au 23 août environ. Le Lion est le cinquième signe du zodiaque.
Genre : masculin. Rythme : fixe. Élément : Eau.
Mots-clefs : percevoir, regarder, comprendre, jouer.

Lune : réceptivité, imaginaire, impermanence… La Lune est associée à l'élément Eau, au Cancer (son signe) et au Taureau.
Attributs : féminin, obscur, froid et humide.
Symbolise : la féminité, la sensibilité, le désir.

Lune Noire : la Lune Noire est un point astronomique (le second foyer de l'ellipse lunaire) à lent déplacement, elle effectue un tour du zodiaque en 8 ans et 10 mois environ. Dans un thème astral, elle symbolise l'interdit. C'est à elle que l'on doit nos blocages physiques (timidité, frustrations), sexuels (peurs, dégoûts) et mentaux (peur de l'échec, de souffrir).

Maison : les Maisons sont aux signes ce que la terre est au ciel. Il y a 12 Maisons comme il y a 12 signes, mais à la différence des signes qui sont égaux (30° chacun, voir *Signe*), les Maisons ont des dimensions différentes car leur calcul dépend du lieu et de l'heure de l'observation depuis la Terre. Chaque maison représente un domaine de l'existence individuelle :

- Maison I (Ascendant) : le corps, l'image du moi ;

- Maison II : l'argent gagné, les biens matériels ;
- Maison III : les échanges matériels et intellectuels dans l'environnement immédiat ;
- Maison IV : le milieu familial présent, futur ;
- Maison V : l'amour, les créations ;
- Maison VI : le travail, la santé ;
- Maison VII : le couple, l'image de l'autre ;
- Maison VIII : les changements et les crises ;
- Maison IX : la propriété, les voyages ;
- Maison X (milieu du Ciel) : le social, la carrière ;
- Maison XI : l'amitié, le relationnel ;
- Maison XII : les épreuves de la vie.

Mars : action, énergie, force, mouvement… Mars est associé à l'élément Feu, au Bélier (son signe), ainsi qu'au Scorpion et au Capricorne.
Attributs : masculin, positif, chaud et sec.
Symbolise : la lutte pour la vie, la virilité, la passion, le désir, la conquête, la violence, les ennemis déclarés.

Masculin : sont masculins le Bélier, le Gémeaux, le Lion et la Balance, le Sagittaire et le Verseau. Ils se caractérisent en termes de dynamisme, d'action, d'efficacité.

Mercure : intelligence, mobilité, adaptation (Gémeaux), raison, intérêt, pragmatisme (Vierge)… Mercure est associé à l'élément Terre.
Attributs : masculin, positif, tempéré et sec (Gémeaux),

féminin, négatif, tempéré et sec (Vierge).
Symbolise : la dualité, la curiosité, le travail intellectuel, les échanges (communication, commerce), les déplacements (Gémeaux) ; le travail, la santé, le commerce (distribution, marketing, publicité), les animaux domestiques (Vierge).

Mutable : le mot désigne toujours un signe qui clôt une saison. Il y a quatre signes mutables doubles : le Gémeaux et la Vierge, le Sagittaire et le Poissons correspondant respectivement à la fin du printemps et de l'été, de l'automne et de l'hiver. Ils se caractérisent en termes d'adaptation et de changement, d'information, d'ambivalence.

Neptune : foi, mysticisme, inspiration… Neptune est associé à l'élément Eau, au Poissons (son signe) et au Lion.
Attributs : féminin, négatif, froid et humide.
Symbolise : la mer, l'océan, l'irrationnel, le génie, le chaos, les grandes mutations, les drogues, les épidémies.

Opposition : c'est un aspect entre deux ou plusieurs planètes situées dans deux signes séparés par cinq autres signes. Elle présume toujours une contradiction essentielle, une situation conflictuelle, plus ou moins larvée. Elle est souvent source de problèmes chroniques, d'événements récurrents.

Planète : dans l'astropsychologie, les planètes sont affectées de valeurs symboliques. Ces valeurs font sens en fonction des signes et des Maisons où elles se situent à un moment donné. Voici ces principales valeurs :

- Soleil : la raison, la sagesse ;
- Lune : la sensibilité, la féminité, le désir ;
- Mercure : les échanges, les relations ;
- Vénus : l'amour, le plaisir ;
- Mars : l'énergie, l'action, l'agressivité ;
- Jupiter : la chance, le bonheur, la prospérité ;
- Saturne : les contraintes, les frustrations ;
- Uranus : la nouveauté, les changements ;
- Neptune : les croyances, la foi ;
- Pluton : les pulsions, les crises.

Pluton : côté obscur de la force, intériorité, impartialité… Pluton est associé à l'élément Eau, au Scorpion (son signe) et au Sagittaire.
Attributs : féminin, négatif, froid et humide.
Symbolise : l'instinct, les pulsions, la sexualité, la mort, l'autodestruction, le mystère, le caché, le souterrain.

Poissons : du 20 février au 20 mars environ. Le Poissons est le douzième signe du zodiaque.
Genre : féminin. Rythme : mutable. Élément : Eau.
Mots-clefs : éprouver, subir, douter, sacrifier.

Queue du Dragon : voir *Tête du Dragon.*

Sagittaire : du 23 novembre au 21 décembre environ. Le Sagittaire est le neuvième signe du zodiaque.
Genre : masculin. Rythme : mutable. Élément : Feu.
Mots-clefs : appréhender, vouloir, apprendre, projeter.

Saison : dans le zodiaque, les signes sont d'abord regroupés par saison ; à chaque saison correspond un certain type de caractère. Les signes de printemps et d'été (Bélier, Taureau, Gémeaux, Cancer, Lion, Vierge) sont, par exemple, plus tournés sur le monde extérieur. Ils privilégient en général les faits, les réalités objectives. Ils ont tendance à extérioriser plus ou moins leurs réactions. Ils sont plus orientés dans le sens d'une adaptation à l'environnement. En revanche, les signes d'automne et d'hiver (Balance, Scorpion, Sagittaire, Capricorne, Verseau, Poissons) donnent plutôt la priorité aux réalités subjectives, aux valeurs. Ils ont tendance à intérioriser plus ou moins leurs réactions. Ils cherchent plus à s'émanciper de l'environnement. Les signes de printemps et d'hiver se caractérisent aussi en termes d'excitation (vivacité, mobilité, suractivité, instabilité…). Tandis que ceux d'été et d'automne sont plus « inhibés » (indolence, inertie, sous activité, stabilité…).
Chaque saison comporte trois signes et ces signes ont des réactions communes qui peuvent les rapprocher. D'un caractère vif, plutôt joyeux, mais néanmoins un

peu susceptible, les signes de printemps (Bélier, Taureau, Gémeaux) s'entendent bien entre eux. De même, les signes d'été (Cancer, Lion, Vierge) tout aussi passionnés, mais plus retenus dans leurs démonstrations. D'un autre côté, les signes d'automne (Balance, Scorpion, Sagittaire), plus intériorisés et plus calmes, ont aussi des affinités naturelles. Comme en ont aussi les signes d'hiver (Capricorne, Verseau, Poissons) beaucoup plus introvertis.

Saturne : rigueur, solidité, fiabilité… Saturne est associé à l'élément Terre, au Capricorne (son signe), au Verseau et à la Balance.
Attributs : féminin, négatif, froid et sec.
Symbolise : la durée, les épreuves, la solitude, le devoir, l'ambition, l'effort, les montagnes et les sommets.

Scorpion : du 23 octobre au 22 novembre, le Scorpion est le huitième signe du zodiaque.
Genre : féminin. Rythme : fixe. Élément : Eau.
Mots-clefs : transformer, concevoir, désirer, abstraire.

Soleil : amour, gloire et beauté… Le Soleil est associé à l'élément Feu, au signe du Lion (son signe) et du Bélier.
Attributs : masculin, positif, chaud et sec.
Symbolise : l'ego, l'autorité, la vitalité, la créativité, le succès.

Signe : la Terre accomplit dans le ciel deux mouvements : elle tourne autour du Soleil en un an de temps sidéral et elle tourne sur elle-même en 24 heures. La première rotation définit la succession des saisons et les douze signes du zodiaque. Cette division du zodiaque en douze signes de 30 ° ne doit d'ailleurs rien au hasard. Le chiffre 12, c'est ce qu'on obtient quand on divise la durée de la révolution de la Terre autour du Soleil (365,2 jours) par celle de la Lune (29,5 jours). La seconde rotation détermine de son côté les Maisons astrologiques. Dans un thème astrologique, l'articulation des signes et des Maisons représente ainsi l'intégration d'un cycle annuel et quotidien

Taureau : du 21 avril au 20 mai. Le Taureau est le deuxième signe du zodiaque.
Genre : féminin. Rythme : fixe. Élément : Terre.
Mots-clefs : réfléchir, informer, mémoriser, concrétiser.

Terre : élément caractéristique du Taureau, de la Vierge et du Capricorne. Au positif, la Terre se traduit par la stabilité, le pragmatisme. Au négatif, elle suppose une certaine rigidité, un isolement.

Tête du Dragon : la Tête et la Queue du Dragon sont les deux pôles de l'axe astronomique formé par l'intersection des ellipses solaires et lunaire. Ils jouent un rôle essentiel dans l'astrologie indienne (voir « Sa vie d'avant, sa vie d'après »).

Thème astrologique : voir *Carte du ciel.*

Trigone : le trigone est un aspect entre deux ou plusieurs planètes situées dans deux signes séparés par trois autres signes ; il est considéré comme très positif et se traduit généralement par des événements, petits et grands, profitables.

Uranus : progrès, technologie, interactivité... Uranus est associé à l'élément Air, au Verseau (son signe) et au Scorpion.
Attributs : masculin, positif, froid et sec.
Symbolise : l'altruisme, l'électricité, l'aviation, la conquête spatiale, la liberté, les découvertes, le futur.

Vénus : sensualité, intériorisation, volonté (Taureau), élégance, harmonie, équilibre (Balance)... Vénus est associée à l'élément Air et, également, au signe du Poissons.
Attributs : féminin, négatif, humide, tempéré (Taureau), masculin, positif, chaud et humide (Balance).
Symbolise : les beautés de la nature, les plaines, les champs, l'art, le plaisir, l'amour, tout ce qui est doux et agréable (Taureau) ; le couple, les unions (pacs, mariage...) et associations, la diplomatie, la culture, les plaisirs, la fête (Balance).

Verseau : du 21 janvier au 19 février. Le Verseau est le onzième signe du zodiaque.

Genre : masculin. Rythme : fixe. Élément Air.
Mots-clefs : connaître, coopérer, diversifier, innover.

Vierge : du 24 août au 22 septembre. La Vierge est le sixième signe du zodiaque.
Genre : féminin. Rythme : mutable. Élément : Terre.
Mots-clefs : expérimenter, observer, analyser, critiquer.

Zodiaque : le zodiaque tel qu'on le connaît et utilise aujourd'hui est une invention des Babyloniens, ou Chaldéens, une civilisation établie en Mésopotamie, l'actuelle Irak, il y a plus de 4 000 ans. Les Chaldéens connaissaient parfaitement les mouvements du Soleil, de la Lune et des cinq planètes les plus proches de la Terre : Mercure, Vénus, Mars, Jupiter et Saturne. Ce sont eux qui ont divisé le zodiaque en douze parties égales. Eux aussi qui ont divisé le cercle en 360 degrés, le degré en 60 minutes et la minute en 60 secondes.
Cette division du cercle par trois cent soixante est loin d'être arbitraire. C'est ce que l'on obtient quand on ajoute la durée de l'année solaire (365 jours) à celle de l'année lunaire (355 jours) et qu'on divise par deux.

DÉCOUVREZ LES PETITS LIVRES DES DOUZE SIGNES ASTROLOGIQUES